# 利润之战：

## 把公司做小，把客户做大

戴维斯 —— 著

LIRUN ZHIZHAN

不 要 在 价 格 上 竞 争 要 在 价 值 上 竞 争

中国華僑出版社
·北 京·

**图书在版编目（CIP）数据**

利润之战：把公司做小，把客户做大 / 戴维斯著.
—北京：中国华侨出版社，2019.8
ISBN 978-7-5113-7910-8

Ⅰ.①利… Ⅱ.①戴… Ⅲ.①企业管理 Ⅳ.
①F272

中国版本图书馆 CIP 数据核字（2019）第 121891 号

● **利润之战：把公司做小，把客户做大**

著　　者 / 戴维斯
责任编辑 / 滕　森　邓小兰
责任校对 / 孙　丽
封面设计 / 环球设计
经　　销 / 新华书店
开　　本 / 670 毫米×960 毫米 1/16　印张 /17　　字数 /192 千字
印　　刷 / 香河利华文化发展有限公司
版　　次 / 2019 年 10 月第 1 版　2019 年 10 月第 1 次印刷
书　　号 / ISBN 978-7-5113-7910-8
定　　价 / 39.80 元

中国华侨出版社　北京市朝阳区静安里 26 号通成达大厦 3 层　邮编：100028
法律顾问：陈鹰律师事务所　　　编辑部：(010) 64443056　　64443979
发行部：(010) 64443051　　　　传　真：(010) 64439708
网　址：www.oveaschin.com　　　E-mail：oveaschin@sina.com

# 前言

长期以来，“做大做强”是中国企业家的一致诉求。这并非一件坏事，只有越来越多的企业做大做强，一个国家也才能强大。

然而，中国的企业在追求做大做强的过程中，却陷入一种盲目地为“大”而大的误区，妄图一口吃成胖子，最终涉及的行业和领域越来越多，但却没有一项产业成为其核心的竞争力，最终，这些“广泛”的领域，反而将企业给拖垮了。这样的案例在现实中不胜枚举。实际上，对于任何一家企业来讲，持久的成功才是企业永恒的追求。因此，将企业做久的意义远远地超过一时的“贪大求全”。

如何才能将企业做得长久？我们给出的答案是：

转变思路，努力将企业做“小”、做“笨”、做“慢”。就是让企业人沉下心来，脚踏实地，发扬“匠人精神”，缩小经营范围，精心打磨核心产业，在专一的领域做专、做精、做细，做到“不可替代”。将企业做小，就是让企业进行“业务聚焦”，将核心产业做精、做强，而不是盲目地追求“大而全”。“大而全”的发展模式，反而分散了资源，分散了精力，分散了资金，最终成了东一鎯头西一棒，什么也做不好。

缩小经营单位，将决策权下放。真正地让“市场”去引领生产，而非用“生产”去主导市场。

精减企业的组织结构，实施扁平化管理。这样才能快速地捕捉机会、响应市场，将决策权交给一线生产者，打响班长的战争，这样才能使得每个员工都成为有价值的、真正的创造者。

淡化资产模式，引领企业从重资产向轻资产模式的转化。要以“轻资产，重人才”的思维模式去经营，及时处理掉不符合企业发展方向的资产，逐步提升资产的利用率。

降低经营成本。要在企业内部实施精细化管理方式，将每个环节的“浪费”减到最小化。改变旧有的用人思维，员工“创客化”，最大限度地发挥他们的积极性与主动性，从根本上提升利润空间。

适当地放慢发展步子。企业应该祛除一些浮躁心理。有一句俗语叫“萝卜快了不洗泥”，说的是萝卜，因为长在泥土里，本来需要洗干净了再卖。但是若是到了供不应求或者有客户大批量购买的时候，小贩就来不及洗了。用在生意场上，喻指在买卖好的时候，卖主就不会考虑商品的外观与服务质量了。很多企业主不顾自身资源的短缺，一味地追求速度，最终导致各种各样问题的出现，最后外部环境的一点点变化便成了压死企业的最后一根稻草。

满足用户的多样化需求。在做好产品的同时，始终将用户的需求放在首位，牢抓客户需求，才能牢牢地黏住客户。

提升用户体验。随着网络技术的不断发展，以用户为中心、以人为本越来越受到重视，对于商家来讲，卖产品不如卖体验，已经成为一种趋势。提高用户体验就是让用户在使用产品时舒适愉快，产品的风格一以贯之，不断让用户体验到新鲜感，进而让用户对产品产生持久的好感，这样才能做大用户群。

紧抓用户的“痛点”。在新的经济形势下，随着产品的多样化与同质化，对公司来讲，谁找准了用户的“痛点”，谁就赢得了用户，公司才能有持久的生命力。

总之，将公司做小，将客户做大，是新经济形势下诸多公司获得长久发展的一条出路。只有将公司做小，才能激发出经营的灵活性与活力，提升盈利能力，从根本上提升公司的附加价值。

# 目录

## 第三章　重人才，轻资产：做专、做细、做精、做到“不可替代”



## 第四章　员工工作从被动到主动：公司内部员工创客化



## 第五章　成本从“高”到“低”：微利时代下的精益管理之道

## 第九章 “体验”成就口碑，让用户主动去传播你的产品



## 第十章 谁找准了用户的“痛点”，谁就赢得了用户

# 第一章

## 强者忧心，弱者绝望：是谁“剥光”了企业的利润

当前，许多中小企业的命运着实令人担忧。破产、倒闭、债务危机、运营不畅、产品滞销、生产链条断裂等故事每天都在酝酿、上演。这也许是一个痛苦而且漫长的经济转型过程，身为企业主，我们要透过貌似“繁华”的表面，看清下面所隐藏的种种显在或潜在的“隐患”，进而理清现实，深度思考，寻找出路。

## 前所未有的“生存困境”：产能升级，是大势所趋

在当今经济形势下，每个中小企业正在面临着前所未有的现实：在经历了粗放式增长之后，中小企业尤其是中小民营企业开始陷入新一轮的生存困境：融资难，极为严峻的“用工荒”，来势凶猛的“高成本”……一些传统的制造业、商贸业和服务业等诸多企业加快自身的调整升级，加强产品市场竞争力，已经是大势所趋。

刘珲在宁波创业至今已经有24个年头了，在这24年里，他见证了宁波民营经济不断发展壮大却又走向动荡波折的周期。20世纪90年代中期，宁波的民营经济风生水起，处处撩拨着创业者的激情，当时深受这种氛围感染的刘珲，在一家创业园区租下了一块地，开始创业闯市场。他涉足的是皮鞋行业，多年来，刘珲一直是稳扎稳打，走的是坚守实业之路。当然，他的企业也在随着经济的不断发展中不断地扩张。在2007年时，他的工厂规模已经扩大了五倍多，工人人数也达到了380多人。中间也遇到过金融危机，但因为他的沉稳，工厂还是在危机中挺过来了。但是如今，刘珲的皮鞋厂却遇到了前所未有的困境：上游原材料价格不断地飙升，工人的工资也一路看涨，再加上物流环节的层层盘剥，如今一双皮鞋的利润已经被压得极低了。再加上同行业之间经常会在商家搞活动的时候打“价格战”，如今他卖一双皮鞋已经几乎赚不到什么钱了。

他说：“许多百货店因为做销售做业绩，打个六折或七折，再去掉提点，再去掉店庆费什么七七八八的经营费，我们的利润几乎为零了。第二个自己专卖店的店租在上升，这也是一个成本的问题。”

实际上，很多中小企业主面临着与刘珲同样的困境，在中国经济飞速发展的前几十年中，许多中小企业开始幻想，市场一定能够像之前那般不断地增长，于是这些企业开始疯狂地利用融资杠杆来扩张产能、扩大投资。

然而，随着这两年经济形势的变化，许多中小企业顿时陷入了困境：过去依赖低能源成本、低劳动力成本、低环境成本的“三低”模式已经彻底被经济大趋势所淘汰，高涨的原材料、高劳动力成本、高环境成本等因素，都在削弱中小企业产品的利润，许多企业已经到了生存艰难，甚至关停倒闭的边缘。总结起来，他们所面临的困境与挑战主要有以下几个方面：

1. 市场需求不足，国内外市场订单持续下降

根据相关数据表明，中国制造业采购经理指数（PMI）中，小型企业占比在持续下降。为此，有不少企业反映，国内外市场订单有萎缩，生产经营压力进一步加大。

2. 企业的盈利能力减弱，亏损面日益增加

一方面是因用工、租金、资金、原材料等生产要素的成本不断增加，再加上物流、环保等费用的增加，进一步增加了中小企业的经营成本，另一方面，因为市场需求的萎靡，加剧了同类产品之间的打“价格战”的恶性竞争，尤其是没有质量、品牌、技术优势的中小企业，只能靠拼价格生存。据相关数据显示，企业工业品出厂价格在不断地下降，成本、销价两头挤压企业的利润

空间，企业盈利能力下降，亏损面不断地增加。

3. 资金链的紧张

融资难的问题亦是中小企业所面临的主要问题。在武汉做了26年包装印刷业的张福山也算是行业里的老人了，他说："他的微信几乎每天都能收到圈内同行停产、破产的消息。很多印刷包装企业已经陷入了困境、停产、倒闭的边缘。"

他的企业目前经营还可以，原因就是一直以来不盲目地扩张，不随意地贷款，对自己上游的供货商和下游的客户讲诚信，不乱挪用资金去买房、买车，每一步都走得很稳健。那些资金紧张的企业，大多都是有一块钱，却要干两块钱、三块钱甚至十块钱的事，所以导致企业缺乏资金，陷入困境，或者那些本来发展稳健的企业主，从企业中抽取资金去购置房产、汽车等消费品，造成资金链的断裂。

前几年在经济发展不错的时候，多数中小企业急于求成，急于扩张、贷款、借钱盲目地投资发展。而近两年，因为市场资金的偏紧，因为中小企业规模小、稳定性差等因素的影响，获得资金支持的难度比较大，资金链的紧张，致使多数中小企业面临资金链断裂的风险。

以上的几个困境逼迫我们的企业必须尽快地完成升级和转型，在这些企业面前，挑战变成了机遇。传统制造业与服务业，需要我们由粗放到精细、由底蕨到高端、由制造到服务、由代工到品牌的升级转型。同时，也促我们越来越多的企业在更多新兴的产业领域尝试和探索更多的商业模式。当然，对于一些新兴产业，我们也必须要与国际接轨，通过技术创新和消费行为的培养，开拓出全新的市场空间和盈利模式。

## 大公司的“伤痛”：贪规模，求全面

中国企业主都有一个通病，就是当企业发展势头稍好一些时，便开始贪规模，大肆地搞扩张，求全面：什么赚钱做什么，什么都想做，什么领域都想涉及，然后拿三分的钱，去做十分的事。等公司规模壮大后，很容易出现各种各样的问题，比如核心产业的竞争力下降、资金链的断裂、管理混乱等，承受风险的能力反而降低。尤其是在经济下行，或遇到金融危机时，很容易在一夜之间走向破产或者失败。

国内一家专门做体育用品的大型企业，其旗下的服装、体育器材品牌曾经在国内风靡一时。在企业发展势头正好的时候，该企业便开始了大规横的扩张之路。他们的扩张只是单纯的资本扩张，却没有对未来的消费市场做正确的预估，只管生产，丝毫不关心市场增长的幅度，也未弄清楚他们扩张后的目标消费人群。在经历了产能的不断扩张之路后，库存堆积开始不断地凸显，大量的积压产品，让其品牌在运动休闲服装领域彻底失去了竞争力。

在战略布局上，该品牌在发展势头正猛的时候，野心开始不断地膨胀，并扬言要进军国际市场。同时，他也将国内的目标消费人群定在了新生代的 90 后身上。90 后作为新生代，对该品牌并没有深刻的感知，仅仅依靠口号与轰炸式的推广，自然也难以打动他们的心。这次战略布局，不仅没能让 90 后接纳，相反，还让他失去了原先的一些中青年客户，这次失误，让它的国际战略布局化为了泡影，也将该品牌的发展推向了谷底。

在技术方面，该运动品牌原先最吸引人的地方首先是专业，以篮球鞋为例，缓震、启动、安全、轻便等各个方面对篮球爱好者都很重要。其他的运动品牌，比如NIKE和阿迪达斯，之所以能获得长足的发展势头，是因为始终坚持技术方面的创新，比如NIKE从鞋底到鞋面，始终在针对不同的受众群体，给予细节方面的不同处理，一直在用技术创新来满足对运动产品专业性要求越来越高的用户。而该品牌在篮球鞋方面的技术仍旧采用极老的技术，几年来只管埋头扩张生产规模，却没能沉下心来搞技术，为此，该品牌给人的感觉就是过时的、陈旧的。

在人才管理方面，自该品牌开始自我膨胀，开展扩张之路后，企业内部开始出现严重的亏损，许多管理人才也陆续离开，这使该品牌的发展陷入了绝境。

实际上，在该品牌衰败之时，浙江的一些主攻低端市场的平价运动产品，却异军突起，迅速占领市场。这些企业多以代工企业出身，处于产业链的低端，等资金实力雄厚之后，就开始沉下心、埋下头来做自己的品牌，然后通过轰炸式的广告影响受众群体，再通过发展代理商，逐步地壮大起来。这些企业因为规模小，所以对市场的反应较为灵敏。他们既生产有明星代言的签名、高端系列，还有主攻低端市场的平价产品。他们依靠丰富的产品生产线，获得了大量的受众群体，获得了不错的发展势头，获得的利润也十分可观。

的确，许多企业在贪求规模的时候，难免会忽略了市场调查、技术创新、人才管理方面的问题，因为规模大，很容易因为战略或管理上一个小小的失误而将整个集团拖入绝境。

在当今形势下，贪求规模、大肆搞扩张，已经不适合企业的发展模式，那些之前贪规模、搞扩张之后的大公司，已经开始懊悔：

一家以副食品生产为主业的大集团企业，其属下有10000多家子公司，但90%的利润皆源于两个副食品方面的企业：厨房食用油和粮食加工业。

该集团的领导十分懊恼地说，如果当年公司能够勇于舍弃，专门专心做副食品生产，到今天一定能够成为最盈利的副食品公司。但因为当初的集团领导人为了加快发展步伐，四处寻找机会，能做就做，什么赚钱做什么。如今该企业所涉足的产业十分广泛，比如房产、厨具、五金、金融、互联网等产业，这些产业内部因为缺乏精细化管理，已经连连亏损，成为该集团的“拖累”，该领导人对此也悔恨不已。

随着市场竞争的加剧，多数行业的成长空间与先发优势已经消失殆尽，许多企业因为涉足领域太广，无法集中精力去提升其产品的竞争力，甚至连原来的优势产业也被拖累，这是当下许多大公司的发展困境。其实，在当前的市场环境中，那些“小而精”型的企业，则能最大限度地赢得利润，他们只专心做一项，并在自己擅长的领域坚定不移地钻研，努力将产品做精，将服务做好，反而能够赢得更多的客户，赢得市场。

## 走出“生意红火，效益不佳”的怪圈

在深圳待了近32年的王晓东可谓是早期创业的“成功者”，在20个世纪80年代开始，他借着中国改革开放的“春风”掘到了人生的第一桶金。自此之后，他在创业的道路上可谓是顺风顺水。如今的他，实力雄厚，仅在广东就有几家上千人的工厂，主要生产灯泡和各种电子产品。王晓东自己算是批发商，有自己的销售管道。工厂一年四季订单不断，而且企业内部采取的是精细化管理，成本控制得也不错。但是一年精算下来，每年亏损上百万元。

对此，王晓东也很清楚，他的亏损在于“营销过度”。为了与同类产品抢占市场份额，王晓东总是会以低于同类产品3个点的价格供货给供货商。一年下来，生意是做了不少，但利润却亏损严重。

当然，王晓东在前期也有着自己的发展打算：凭借企业的规模优势，先以低价去抢占更多的市场份额，将同行都挤出市场，然后再“独家”抬高价格，再获利。但这个商业“布局”，已致使他在4年时间连续亏损近500万元，他与同行的“价格战”似乎愈打愈烈，永远没有尽头……再加上他的产品已经在市场上失去了竞争力，很多产品已经在逐渐被取代……

其实，许多企业主都有着与王晓东同样的“战略思维”：前期为了抢占市场份额，与同类的企业无休止地打“价格战”，最终将企业拖入了“生意红火，但效益不佳”的被动局面。有的企业主甚至因为依仗企业的大规模，专注于“市场营销”，而忽略产品的创新和研发，逐渐在“赔本”中将企业拖入濒临破产的状态。

某跨国公司大中华区总监在2015年年终时总结了一句话：“2015年上半年，销售额虽然上升了12%，但利润却下降了31%。营销过度导致相当的营销浪费，我急啊！”这位总监的话告诉我们，靠规模赢利不是那么容易的。很多老板总是想着如何兼并同行，如何扩大规模，认为规模大了好办事，垄断了整个行业，钱就来了。但他们不知道，市场份额不等于赢利收入，规模也不是“实力”的代名词。

日本经营之神稻盛和夫说：“做企业的本质就是讲求利润的最大化，成本最小化。”在当下多变的经济形势下，依仗企业规模，单纯地“打价格战”，已经不是长久的生存发展之路，而是要轻规模，重效率，努力提升产品或服务的“价值”，即以利益为先，利润为王。所谓的“数大于天”，就是用数据说话、利润说话。

杰士邦曾经通过创新管道，开发了多达两万个零售的终端，包括在药店、商场、超市和便利店等地方设置零售窗口，由此一跃成为行业内的领先品牌。如今许多竞争对手纷纷跟进，原来的管道优势不再明显，但杰邦的赢利仍然能保持高速地增长，秘诀在哪里呢？

杰士邦的高层表示，在中国这个偌大的市场中，很多企业广泛实践着规模赢利模式，还处于“管道为王”的时代。但是企业竞争终归是品牌的竞争，尤其是当企业发展到一定的阶段，如果依然坚持管道和规模去竞争，而忽视品牌的建设，忽视产品的创新与开发，那么最终会被市场所遗弃。因此，杰士邦从管道中抽身出来，创新营销手法，加强产品开发，提升产品质量和品牌的驱动力，因此树立了行业第一的品牌，成为行业里的“王”。

如今，伴随着竞争对手的跟进，杰士邦已经成为行业的效仿对象，这也说明杰士邦在行业里是成功的。

稻盛和夫说过，在自由经济的市场环境中，由竞争结果所决定的价格才是最合理的价格，以这个价格去堂堂正正地做生意所赚取的利润，就是正当的利润。在激烈的价格竞争中，努力地推进合理化，提高产品的附加值，才能增加利润，才是企业制胜的关键所在。任何一个企业，无论其规模的大小，提升产品价值，强化品牌建设，是最根本的发展之道。多年来，中国涌现了许多颇具实力的“品牌”：华为、海尔、联想等，如果你细细剖析他们的经营理念和发展轨迹，不难看出：他们一路走来，无不是始终将精力和眼光聚焦在“做强核心业务”和“为客户提供最棒的服务”两个方面，用通俗的话来说，就是将公司做小，将客户做大，让公司长久地保持较好的盈利水平，服务型企业是如此，制造企业亦是如此，这是一个不二法则。

## “微利”时代，粗放式管理会让你无利可图

企业利润的低下，除了受原材料上涨、融资成本上升、人工成本提升等现实因素的制约外，一个极为重要的原因就是粗放式

的管理方式。很多企业主只管资金投入，找人干活，单纯为了完成某项生产目标，没有对企业或公司的将资金投入、成本控制、人员管理、质量监管等生产环节形成一套合理有效的运行体系，更不懂得如何去调动员工的工作积极性。这也是促使产品“成本”不断飙升的重要原因。

其实，关于粗放式管理方式的弊端，用一个大家很熟悉的小故事就能讲明白：

一个女孩买了条裤子，一试太长，请奶奶帮忙剪短，奶奶说忙；找妈妈，也没空；找姐姐，更没空。女孩失望地入睡了。奶奶忙完家务想起小孙女的裤子，就把裤子剪短了一点儿；姐姐回来又把裤子剪短了；妈妈回来也把裤子剪短了。最后，女孩的裤子没法穿了。

看，要么都不管，要么都来管，管理流程毫无章法，混乱不堪，结果造成原材料浪费，使产品在质量和价格上彻底失去市场竞争力。

毫无疑问，经济高速增长期的“高利润时代”，已经成为“过去时”。在当下的“微利时代”，企业要提升产品的竞争力，很大程度上拼的是精细化的管理方式。

深圳一家生产电子组件的产品经理提及一个细节：“20 年前，我们很多的电子组件，1 个能卖 5 块钱左右，而同样的组件，现在只能卖几分钱。产品利润骤然下滑，企业要想生存乃至盈利，就要靠精细化管理方式。你必须要谨慎地控制每个生产流程的成本，同时加大产品的创新研发，以薄利多销的方式占据市场。否则，只有死路一条。”

广州一家生产厨房油烟机的大型企业，年产油烟机 1600 万件左右，总利润在4000万左右徘徊。也就是说，1台油烟机的利润大约只有2.5元人民币。为提升利润率，该企业负责人绞尽脑汁后，终于做出决定：一方面加大产品的研发成本，另一方面采用精细化管理，从生产流程方面严格控制成本。这是让企业“活下去”的唯一方法。

面对瞬息万变的经济现状，落后企业的经营管理者们墨守成规，不懂得改变管理方式、经营模式、营销方式、产品类型、生产工艺等，其带来的结果必然是思想越来越保守，管理越来越落后，工艺越来越落伍，成本越来越高，销路越来越窄，利润越来越少，最终必将被市场所淘汰。

其实，与其他国内的企业一样，华为在创业初期也有过一段粗放式的管理时期，但是华为的决策者及时认识到了管理创新的重要性，并不惜血本，进行过脱胎换骨式的变革和提升。在国际化进程中，华为认识到先进的企业内部管理体系的基础作用，华为先后花数十亿资金，引入先进的管理理念和方法，对集成产品开发、业务流程、组织、质量控制、人力资源、财务管理、客户满意度等方面进行了系统变革，把公司业务管理体系聚焦在创造客户价值这个核心上。

在经过10多年的不断改进后，华为的管理实现了与国际接轨，不仅经受住了公司业务持续高速增长的考验，而且赢得了海内外客户及全球合作伙伴的普遍认可，有效地支撑了公司的全球化战略。在产品的研发方面，华为“以客户的需求为导向”，以客户需求驱动研发流程，围绕提升客户价值进行技术、产品、解决方案及业务管理的持续创新，快速响应客户需求。

同时，在产品研发管理上，华为还坚持“开放式创新”，先后在德国、美国、瑞典、英国、法国等国家设立了23个研究所，与世界领先的运营商成立了34个联合创新中心，从而实现了全球同步研发，不仅将领先的技术转化为客户的竞争优势，在说明客户成功的同时，还为华为输入了大量的高素质的技术人才。华为的“客户创新中心”和“挪亚方舟实验室”就是专门为客户量身打造的创新研究机构。通过对客户个性化需求的解读，创造性地为客户进行“量”体裁衣式的个性化服务。满足于各个国家客户不同的需求，成为华为进行创新的动力。

在客户管理方面，华为坚持以客户为中心，为客户提供了一整套解决的方案，成功地将客户和企业绑定在同一个平台，除了初期的销售，还包括后续的产品升级、服务等，由于华为抓住了客户的根本需求，其收入是刚性的，盈利是持续的，这和一般的软件外包是两种不同的经营模式。

在人才管理方面，华为是世界500强企业中唯一一家没有上市的公司和一家100%由员工持股的民营企业。目前，华为的几万名员工都持有公司的股权，全员持股吸引了越来越多的人才到华为工作，全员持股成为启动华为员工创造潜力与创新能力的重要因素。华为还探索了一套独特的商业模式，建立了一套行之有效的人力资源管理体系，尊重和爱护人才，聚集了一大批技术精英，为华为的可持续发展提供了人力保障。

粗放式的管理已经夺走了企业产品太多的“利润”，精细化管理是微利时代的“大势所趋”，但它包括的范围是方方面面的，企业经营者要根据企业自身的实际情况，更新观念，规范生产的每一个环节，将精细化和个性化结合起来，制订一套属于自己的“精细化管理方案”，将丢失的利润给找回来。

## “无品牌”的代价就是：赔本去打“价格战”

诸多中小企业破产，从根本上说就是“无品牌”，因为无品牌，所以不会去精益求精地“打磨”你的产品，在服务上更不会用心。只会盲目地跟着市场走，什么好卖，就去做什么，所有人都去做好卖的，进而造成市场过剩，最终大家就开始打“价格战”，利润空间也变得极小。一个没有利润或者利润极薄的中小企业，承受风险的能力当然就低多了。

在广州服装行业打拼多年的张勋最近焦头烂额，他曾打电话向我哭诉：“我的营销点开在广州，工厂设在粤西地区。自去年以来，各种因素都冲击着服装行业的利润率。首先是各种原材料和用工成本普遍都涨了两三成，这一下子压掉了我近10个点的利润。其次是人民币在升值，我的产品大多都是出口，很多订单在年初已经确定了，短期生产影响不大，但新订单减少了不少。成本大增，但是竞争又异常激烈，又不可能大幅提价。我们所出口的服装，过去平均有12%～17%左右的毛利，到现在因为两头夹击，现在跌到仅有3%左右的毛利，几乎是赔本的。利润低，我经营的风险就更大了，甚至只要有一笔生意没做好，其亏损已经无法通过获利来弥补了……”说到这里，他的声音有些哽咽，接着说：“从根本上讲，可能就是我们的产品缺乏品牌的缘故，前几年做的时候因为觉得有利可图，所以，没有做自己的品牌，也没有请专业的设计师，结果到现在丝毫没有竞争力……”

张勋企业所面临的问题，也是多数中小企业的问题：在原材料成本大增和货币形势的联合夹击下，利润空间急剧缩小，再加上资金的匮乏，人才与技术的瓶颈，已经丝毫承受不了任何的风险。从根本上分析，都是因为品牌意识的薄弱，因为没有自主品牌，产品缺乏核心竞争力，所以只能盲目地跟着市场“打游击”，在过剩的产生中与同类产品“打价格战”，利润空间自然要小得多。

所以，中小企业要想在激烈的市场竞争中活下来，并获得稳定发展，接下来就要对产品或服务进行转型升级，创立自主品牌。有句话是说：一流的企业卖品牌，二流的企业卖技术，三流的企业卖产品。要知道，品牌是一项重要的无形资产，它是“质量、服务、口碑”的代言者，它对产品所产生的附加价值是无可估量的。在消费者心中，即便是相同质量的产品，品牌与非品牌在价值上是有着极大的差异的。可以说，品牌是产品利润的保证，也是一个企业长久生存和发展的“引领者”!

当然，要创立自主品牌，企业主应从以下几个方面去努力：

1. 更新观念，树立强烈的品牌意识

要创立品牌，品牌意识极为关键。要通过学习现代化的商业知识，和了解国内与国际本行业的发展形势，审时度势，实施和推进本企业的品牌战略。要知道，品牌战略是争夺市场份额，求得企业生存和发展的根本手段之一。有志的企业主，应该从更高的角度和理念去树立起强烈的品牌开发战略意识，以高度的责任心和紧迫感实施和推进本企业的品牌战略。

2. 选准市场定位，这很关键

在具体实施过程中，企业主应该要通过市场调查，从实际出发，针对自己的产品特性、特点，进行市场定位。同时，也要考虑让自己的产品从同质化的产品中分化出来。比如，你生产童装，面对市场上大批量的童装产品，你是否可以考虑从用料、款式方面钻研创新，让自己的产品能从诸多同类的产品中脱颖而出，成为自己品牌的“标志”。也就是说，让你的产品体现出“异质性”，唯有“异质性”才是品牌开发的成功之处和关键所在，这也是打造产品核心竞争力的关键所在。

当然，创建一个品牌，特别是强势品牌，是一个巨大、长期而复杂的工程，并不像注册商标那样简单，也不仅是提升知名度就够了。因为品牌应该包括一些深层次的内容，如品牌的核心理念、品牌文化、品牌联想等，这些深层次的内容需要通过企业长期细致地做好各方面的工作才能造就。

## 你不是“缺人”，缺的是“远见”

“缺人”“缺人才”已是制约许多中小企业发展又一重要因素。的确，随着劳动力成本的增加，很多企业，尤其是中小劳动力密集型企业“缺工”现象极为严重。“招人难，招不到人，人才都不愿到小企业中来”已经是令许多企业主头痛的问题。实际上，“缺工”只是一种表面现象，从本质上讲，你不是“缺人”，缺的是“远见”。

肖健是东莞一家小型电子组件生产厂家，企业原本有325人，但今年春节过后，肖健遇到了一件极为棘手的事情，就是招不到人。原来的员工在年前有一半的工人都辞工了，春节已经过去快两个月了，才招到十几个人。因为缺人，他的几条生产线都处于停滞状态。

其实，对于肖健来说，缺底层劳动力是小事，他更缺的是技术工人。因为受上游供货商的影响，他的企业必须要进行产业结构调整，一些毫无技术含量的电子组件，已经逐步被市场淘汰，接下来，他引进的生产线主要生产新的产品，这就要求操作人员必须懂技术。肖健很清楚，那些来南方打工的工人主要的目的是为了赚钱，因为企业不景气，所以给不出高的工资，如此也招不到工，直到生产线开不了工，如此恶性循环下去……

许多中小企业，其实都有着和肖健一样令人头痛的问题，随着用人成本的增加，企业因为不景气给不起高工资，所以只能在“招不到人”的境况中面临倒闭的风险。许多企业主总是感叹，现在的员工动不动就跳槽，稍不如意就辞职，招人难，留人更难，企业总在“缺人”，怎么能搞好生产呢。其实，这些企业主不是“缺人”，缺的是“远见”。

要知道，员工到一个企业中打工，只有两个目的，要么是挣钱，要么是学技术。随着物价的上涨，这些企业主一方面不愿多给员工加工资，员工感觉挣不到钱，所以不愿干；另一方面，不少企业主只要求员工在上班时间拼命地付出，对员工下班后的技术培训却少问津。员工既挣不到钱，也学不到技术，他怎么会在企业中长久地待下去呢？

另外，一些企业主也缺少对员工的关爱之心，缺少对员工的以诚相待。因为缺工严重，许多企业主为留住老员工，将工资拖后一个月发放已经惯例。甚至在春节前，一些企业将两个月工资拖到春节后发放，这样做也许暂时留住了员工，但却难以留住员工的心。人家一旦有机会，就会炒老板的“鱿鱼”。

真正有“远见”的企业主，一方面会重视员工的岗位培训，提升员工身上的“价值含量”，让他们在“有所学”中提升生产效率，为企业创造更高的利润，从而使企业归于良性的发展轨道之中。有“中国领导力教母”之称的谭小芳说：“对员工进行岗位培训，是企业利润不可少的上岗程序。”现实中，越是落后的企业，员工上岗培训的效果也就越是差强人意。有的生产管理者心态消极，不愿意在培训员工方面花费精力，就算勉强做了，也只是敷衍了事。这种工作态度既延长了员工学习岗位操作技能的时间，影响了生产的效率，也给自己的管理带来了困扰。很多时候，个体的工作效率直接影响着整体的工作效率，一个员工如若技能不足，整体部门的效率和业绩都可能因此而打折扣，甚至导致反复返工。所以，重视员工技能的培训和开发，是企业主必须要马上实施的一件事。

重视和强化员工技能的培训，一方面可以增强企业的竞争力，实现企业的战略目标；另一方面将员工个人的发展目标与企业的战略发展目标统一起来，满足了员工自我发展的需求，调动员工工作的积极性和热情，增强企业的凝聚力。企业有了凝聚力，那么员工就不会总想着跳槽了，因为他们会觉得在这样的企业中工作能学到技术，有奔头儿。

一些企业主因为觉得要控制成本，所以觉得对员工进行培训是在“增加成本”。对此，“经营之神”松下幸之助，曾告诫过松下公司的高层：“企业培训成本很高，但不培训成本更高。”

中小企业需要控制成本，但在对干部和员工培训方面，则应当适当地加大投入。干部的管理技能和职业操守提升了，员工的操作技能和素养提升了，生产效率自然也会提升，企业效益也会相应增加。在培训方面合理投入的成本，是对企业最有价值的回报。

同时，有“远见”的企业主，亦应看到产业结构调整的大势，要加快在技术人才储备上的投入，提升企业的“造血”能力，培养有发展前途的“技术员”，才能在大形势中立于不败之地。那些“临时抱佛脚”的企业，都不会得到很好的发展。

当然，针对企业中普遍存在的员工心态浮躁、频繁跳槽的现象，一些企业主不是积极地想办法创造留人、育人的环境，让员工看到留下来的发展希望，而是害怕辛辛苦苦花代价培养出来的“骨干”或员工跳槽，最后落得个“鸡飞蛋打”的结果。这也是一种“格局小”“短视”的表现。

21 世纪已经进入了体验经济时代，企业竞争的焦点不仅是资金、技术等传统的资源，而是建立在人力资本基础之上的创新能力。同时经济的全球化发展使得企业间的竞争范围更为广阔，市场的变化速度日益加快，面对这种严峻的挑战，企业必须保持持续学习的能力，不断地追踪日新月异的先进技术和管理思想，才能使自己的“产品”或“服务”保持弹性的竞争力。

## 糟糕的企业文化，正在无形中吞噬着你的“利润”

许多企业主可能对“企业文化”的概念有些模糊不清，觉得只有公司做大了，才能去发展企业文化，实际上不然，每个公司只要存在一天，其内部就在不自觉间形成了“企业文化”，它是一种无形的力量，制约着企业的发展。简单来说，所谓的“企业文化”就是一个公司的工作氛围，具体是指“这个公司的人就是这样做事的。”好的企业，有好的企业文化做支撑，而那些利润低下、业绩不佳的公司，一定有十分落后且糟糕的企业文化在起作用。

好的企业文化，给你的最直接的感受就是，你到一个公司中，能够感受到一种紧张有序的工作氛围，那里的工作人员充满紧迫感，并且做事井井有条，这便是好的企业文化。相反，糟糕的企业文化，会让你感受到一种环境杂乱无章，工作人员缺少激情和紧迫感，现场管理惨不忍睹。

白建初是温州一家厨具生产厂家的老板，平时很注意市场营销，但平时对企业内部的员工却疏于管理。当然，疏于管理，并不等于他完全不管，而是他的管理方式极为“简单粗暴”。每次到办公室，看到手下的员工工作散漫：有的迟到，有的在低头玩手机……工作场面极为糟糕混乱，他就开始训斥：“你们这些人，纯粹是来这里混日子的呀！想让我白养着你们吗？至少要给我作出点贡献来呀，我花钱雇你们来不是让你们来玩手机的！……你们不仅仅要上班工作，还要想办法给企业创造利润呀！”等。

每次刚训斥完下属后，他自己则会坐在办公桌前开始玩斗地主之类的游戏。为此，他的下属曾悄悄私下议论：“老板总说让我们服从他的领导，他都在带头玩游戏了，我们还有心思努力工作吗？”

有时候，到生产车间，看到哪位一线员工不好好工作，白建初也是以同样的口气训斥：“如果不是我雇佣你们，你们只能在外面去洗车、做洗脚工！再不好好工作，就开除你们，把你们丢到社会上去受罪去。”等，诸如此类的。有的员工听到这话便极为反感，心想：“我下个月就辞职给你看，离了你的企业，照样过得好！”……很多时候，他的训斥不仅没让下属或员工服气，而且还会引起他们的反感和非议。这也让白建初极为头疼：每次训斥完后，好一阵子，过一段时间所有人又都恢复懒散、消极的状态，而且员工的流失率也在不断地攀升。尤其是近段时间，由于受经济下行的影响，他的企业已经快支撑不下去了……

很多时候，老板就是企业的精神领袖，糟糕的企业文化背后一定有个做人做事都极为失败的老板。实际上，对于中小企业而言，其内在的企业文化，就是老板的价值观和行为的综合体现。所谓的上行下效，如果老板工作富有激情、讲求效率，企业的士气一定高涨，员工自然对工作也不敢懈怠，而相反，就像白建初一样，自身做事拖沓、散漫，员工自然也不会信服，这种糟糕的“文化氛围”，正在无形中吞噬着“产品的利润”，增加企业的生产成本，这样的企业也会在管理混乱、成本高昂、利润低下的阴影中逐步地走向消亡。

所以，对于中小企业主来说，要建立健康的企业文化，那就学着去“审视自我，纠正自身的行为”吧！你若是一个追求完美、工作作风正派、严谨的人，那么你的下属及员工自然会跟着你学，久而久之，你的企业中就会形成一种正派、严谨的工作氛围；你若时时对工作充满激情、精神高涨，那么，你的精神气质自然也会感染到员工，你的企业内部也自然会形成一种群情振奋、激情高涨的工作氛围。那么，无形中，你的“生产成本”就会降低许多。

可以说，要完善管理，加强企业文化建设是极关键的一步，没有优秀的文化底蕴做支撑，仅靠强化现场管理，结果往往是事倍功半。比如，你最近接了一个项目或要完成一个紧迫的订单，你激情高涨地召集大家，振臂一呼，鼓励大家加油干，做好了便发奖金。那么，你所在的团队中，便形成了一个短暂的文化氛围，这种氛围能够激发每个员工的工作积极性，即便是原本感觉到不可能完成的任务，在高涨的激情面前，都可能“化腐朽为传奇”。这便是“企业文化”的神奇力量。

可以说，良好的企业文化是一个企业各部门间协作的凝聚力，促使员工高效工作的驱动力，亦是企业利润获取的核心力，公司发展的助推力，使企业走向成功的“牵引力”。所以，身为领导者或企业主，要想在“微利”时代，创立“利润为王”的企业文化，身为老板就要从自身做起，多实施变革，带领员工培养出“积极进取”的精神面貌，久而久之，在企业内部形成积极健康的企业文化！

# 第二章

## 缩小经营单位：将权力真正下放到“基层”

在新经济形势下，公司要全面实施“精细化管理”、“严控成本”、做好“品牌建设”，让企业从“贪规模，求全面”的道路上转到“重利润，重效益”的发展轨道上来，极为重要的一步，就是将企业“做小”。将企业“做小”，并不是单指削减企业的经营规模，而主要是削减企业的“组织结构”，加大对产品“质量”或“服务”的投入，尽可能地让每位员工都参与到企业的价值创造中来，使他们从“被动工作”到“积极创造”，尽可能地缩减各种流通和管理环节的经营成本，最终从根本上提升“效益”，提升公司的价值。

## 经营单位“缩小化”：打赢“班长的战争”

将企业“做小”，最为核心的一步就是缩小企业内部的经营单位，即淘汰大单位作战的“人海战术”，缩小经营单位，即从原来的以“部门作战”分割成以少数人组成的以“班级作战”，尽力让每位基层员工都参与到企业的经营上来，调动每个员工的积极性和创造性，创造出“个体单位的最大效益”来。

日本经营之神稻盛和夫曾用“阿米巴经营”模式，成功将京瓷和日航推向了世界五百强。他所倡导的阿米巴经营模式，就是以各个“阿米巴”的领导为核心，让其自行制定各自的计划，并依靠全体成员的智能和努力来完成目标。通过这种做法，让第一线的每一位员工都能够成为主角，主动参与公司的经营，进而实现“全员参与经营”，从而打造一支激情四射的经营团队。我们这里讲的缩小经营单位，与稻盛和夫所倡导的“阿米巴经营”有着异曲同工之处，都是通过简化、精确企业的组织结构，使每个人都成为价值的创造者，从根本上提升“作战能力”。

近几年来，关于缩小“经营单位”，华为做得比较多。任正非提出，“简化组织管理，让组织更轻便灵活，是我们未来组织的奋斗目标”。华为将从中央集权变成小单位作战，“通过现代化的小单位作战部队，在前方去发现战略机会，再迅速地向后方请求强大的火力，用现代化手段实施精准打击”，这就是“班长的战争”。

为实现这种改革，华为开始建立子公司董事会。过去华为一直是“中央集权”，因为企业的资源不够，所以得把所有的资源集聚在一起形成强大火力去冲锋。现在，品牌资源、资金资源、客户资源都有了，这时候就需要“改变阵法”，要把企业的一些重大经营决策下放到子公司董事会。

子公司董事会有一项重要的职责，就是代表资本方实现对经营者的监督。在强调“班长的战争”的同时，任正非提出，“我们既要及时放权，把指挥权交给一线，又要防止一线的人乱打仗，所以监控机制要跟上”。

华为提出，要缩小作战单元，让前方听得见炮火的人指挥战争，提升一线的综合作战能力，五年以内逐步实现“让前方来呼唤炮火”。要缩减组织层次、缩小组织规模，部门要进行功能整合和合并，总部要变成资源分配和支持的平台，以便于能快速响应前方的呼唤。

缩小经营单位，小单位作战，打“班长的战争”，是华为组织变革的一个趋势，也是未来许多企业内部组织需要变革的一个趋势，因为在这个多变的经济时代，要快速地捕捉机会、响应市场，组织就必须要精简、简约，要使得每个人参与到“价值”的创造中来，每个人都有价值地工作。

当然了，企业要缩小“经营单位”，打赢“班长的战争”，就必须注意以下几点：

1. 确立与市场挂钩的“班长部门”的核算制度

公司在追求销售额最大化和经费最小化，将组织划分成“班长部门”的小单元，每位“班长”都要根据自身部门的特点，制订“生产目标”，绩效奖励制度，让每个员工的绩效都能放到市场上去衡量，这样一方面可以让每位员工都能触摸到市场的脉搏，随时调整工作目标，可以最大限度地避免风险，另一方面可以积极地调动每位员工工作的积极性和创造性，为“班长部门”创造最大的效益，如此一来，公司的整体盈利也将会是巨大的。

2. 对“班长”实施有效的监管机制

缩小经营单位，公司将指挥权交给“班长”后，还要防止“班长”带着队伍乱打一通。所以，建立有效的监管机制就显得极为重要了。根据华为的经验，最为具体的实施方式就是建立子公司董事会，由子公司董事会代表资本去实现对“班长”的有效监管。也就是说，子公司的董事会担负着十分重要的使命，即要下放权力，又要对“班长”实施有效的监督。当然，具体如何去监督，还要根据自身企业的特点制订有效的制度措施。

3. 对“班长”实施培训，不断提升他们的能力

我们在第一章中讲了对员工培训的必要性，因为当公司经营规模缩小成“班长部门”后，那班长的自身的能力就显得极为重要。可以说，整个公司都是由无数个“班长”组成的，他们的能力直接决定了公司的“盈利”能力，也可以说，班长的能力，就是整个公司的核心竞争力。国际上的通用电气、微软、苹果、谷歌，国内的小米、腾讯等，都是利用小团队研发去赢得市场主导产品的。

也正是因为这些原因，公司必须要对“班长”进行不定期的培训，让“班长”与“班长”之间进行交流，相互借鉴经验教训等，提升他们的能力。

我们所说的打赢“班长的战争”，从根本上讲，就是让“班长”带领他的团队去触摸市场脉搏，提升企业的灵活度，最大限

度地发挥每个员工对企业发展的“参与感”，最终从根本上提高整个公司的竞争力。

## 组织结构“扁平化”：高效率的保证

传统的“金字塔”式的层级分明的企业管理组织，已是提升企业“效率”的重要阻碍。这种组织结构模型僵化缺乏灵活性：行政结构越来越庞大，各个部门之间的横向联系极为薄弱，各个部门之间的协调性越来越难，各个职能的成员注重部门目标而不是企业的整体目标，使工作效率受到影响。同时，一旦遇到问题，各个部门之间则是互相推诿、抱怨。这样不仅造成人力资源的浪费，增加生产成本，而且还大大降低了运营效率。可以说，“金字塔”式的自上而下的矩阵图式的传统的企业组织架构，已经难以适应激烈的市场竞争与快速变化的环境要求。为此，对企业原有的组织结构进行“瘦身”，推行“扁平化”的组织结构已经势在必行。

这几年来，小米的发展速度可谓令人惊讶，在短短的几年内，小米手机的产品产量为何能冲进全球前三？这都得益于小米公司内部实施“扁平化”的组织结构与简化管理。他们始终认为：互联网时代，公司必须学会缩短与消费者之间的距离，真正做到贴近用户、走进消费者的心里，与消费者融合到一起。只有这样才能跟消费者进行有效的互动，才能够顺利将消费者变成小米产品的推动者，甚至是变成小米的产品设计研发人才，传播和推动小米产品。而要实现这些就要对公司组织进行扁平化的设计，也就是组织要做到尽量地简化。同时也算是新经济背景下的一种管理理念：简约、高效、极致。

小米公司的组织完全是扁平化的，基本上 7 个人就是一个小团体，形成一个自主的经济体。其组织架构基本上就是核心创始人——部门领导——员工这三级，而且小米从来没有打卡制度，没有考核制度，只强调员工的自我驱动，强调要把别人的事当成自己的事，强调责任感。小米公司的每个小团体的行为目标完成是围绕市场与用户体验价值而定的，决不让团队过大，团队一旦达到一定的规模，就要拆分，变成项目制，大家进行自动协同，然后承担各自的任务和责任。

从整体上来看，小米公司的管理非常简单，一层产品、一层营销、一层硬件、一层电商，每层由一名创始人坐镇，大家互不干涉，除七个创始人有职位，其他人都没有职位，都是工程师。所有员工晋升的唯一奖励就是：涨薪。不需要员工考虑太多杂事和杂念，没有什么团队利益，一心扑在本职工作上。

当然，“扁平化”的组织之间，也是有竞争制度的，大家为了竞争做事情，为创新而创新，而不一定是为了用户而创新。其他公司对工程师强调是把技术做好，而小米的要求是，工程师要对用户的价值负责任，为伙伴负责，而不是为技术而技术。

世界战略管理大师哈默尔指出，一个公司的人员越多，就会有越多层的员工层组，每一层都需要管理人员去管理下一层的工作人员。但是管理人员越多，基层员工的意见和建议就越难被听到。而决策的决定和执行也会越来越没效率。哈默尔认为，要解决这个现象，只需要解雇所有的管理者就能解决。

除了国内的小米，世界最大的西红柿加工厂，美国的“晨星西红柿”公司，就是“扁平化”组织结构理论的执行者。1990年，“晨星西红柿”公司创立，拥有400名专职员工和3000名兼职员工的“晨星西红柿”公司利润增长很快，员工流失率非常低，创新能力还很高。但没有管理层、没有CEO，所有人都没有头衔，也无所谓升职。无论是生物学家、农场工人还是公司会计，所有人才都对公司同样负责。员工的职责、绩效指标和工资都是自己和同事商量的，预算也是靠员工商量出来的，没有涉及金钱和地位的政治斗争，员工更加感到是对同事负责，而不是对老板负责。当公司规模扩大时，旧的“金字塔”式的管理结构是增加管理层，而“扁平化”管理所实施的有效办法是每个部门增加“班长式”的小团队，增加管理幅度。

可以说，“扁平化”管理是以工作流程为中心而非以部门职能来构建组织结构。由于组织架构得到了细分，最基层的阿米巴组织也能够最大限度地发挥公司整体的能量。企业员工经过组织划分后，由于责任细化，便会萌生一种经营自家企业的意识，工作会更加积极主动，从而在公司中传递源源不断的正能量。

将组织简化，划小经营核算单位，管理去中心化，激发活力，从中央集权变成小单位作战，是未来企业发展的趋势。无论是海尔的自主经营体，还是华为的“班长的战争”，都是在把大企业做小，激发经营活力，提高各个经营体的自主经营能力。相应地，组织管理出现去中心化，管理层级越来越少，组织变得更为简约，以激发组织活力。同时，实现总部的平台化、集约化，以提高总部对市场一线的支持服务能力；而一线则是要提高综合作战能力，对市场和客户做出快速的反应，这是未来企业组织变革的趋势。

当然，企业在推行“扁平化”的组织结构，需要注意以下几点：

1. “放权”是实现“扁平化”组织管理的关键

在现实中，许多企业在多年的经营中，已经形成了“等级森严”的管理等级，要实现“扁平化”管理，可能会因为触及这些管理层的利益而遭到抵制，这时企业主就要拿出魄力来进行改革。同时，实现“扁平化”管理的关键在于将权力下放到“基层”，如果管理者不肯放权，那么即便你企业的组织结构再简化，也难以真正实现“扁平化”管理。

2. 强调以用户为中心，以市场为导向，建立各自领域里的事业体

“扁平化”管理是自下往上的“蜂巢图”，由许多个“班长式”团体构成的组织基础，每个小的组织都是一个独立的利润中心。这种组织结构，使员工打破了原有的部门界限，绕过原来的中间管理层次，直接面对顾客和向公司总体目标负责任，以群体和协作的优势赢得市场主导地位。这种管理模式，灵活、敏捷、富有柔性和创造性，是提升整体公司利润的一种有效方法。

腾讯公司曾指出，企业大了以后最大的问题就是消除内部的“敌人”，要破除大企业病，保持小企业的灵活性和创新精神。所以，自 2012 年开始，腾讯就在进行组织结构的调整，不再以业务模块为中心或者以合伙人为中心，而是强调必须以客户为中心建立事业体。

现在，腾讯已经形成了七大事业群，包括网络媒体事业群、社交网络事业群、互动娱乐事业群、技术工程事业群等。各个事业群围绕着客户来整合各种资源，真正建立以客户为导向的事业体。事

业群里面也不再搞“金字塔”式的管理，而是基于客户群体形成大项目里套小项目的项目合作制，一个事业群里面有无数个项目组在合作。

腾讯的这种组织变革其实是希望抓住互联网聚集、快速、灵活的优势，在事业群里充分发挥民营小公司的灵活性和创新精神。

“扁平化”组织在公司中的运作核心是：通过“班长式”小团队的自我管理，不断地释放整体知识能量，进而实现公司价值创造空间的创新和拓展。

3. 注重企业内部良性文化的建设

“班长式”的经营结构与“扁平化”的组织结构，使公司的很多经营权与决策权下放到诸多的“班长”手中，这除了需要制度对“班长”和“组织”进行约束外，更多时候要靠企业内部的良性健康的文化进行约束，靠价值观去凝聚人、牵引人，一切围绕“客户”，以市场为导向，提升灵活性和自发性的同时，也要搞好监管。

由此可见，要真正实施“扁平化”管理，由企业主带头，营造良好的企业文化氛围显得极为重要。

## 清晰各部门的责任，一切拿报表说话

企业内部采用扁平化组织结构后，突破了传统管理次序、等级结构的界线，突破了部门和职能职责的界线，变分散管理为集成管理，对企业的资源进行整合和利用。对一个企业而言，原本由高层、中层、基层管理者和操作层组成，董事长和总裁位于金字塔的顶层，他们的指令通过一级一级的管理层，最终传达到操作层；操作层的信息通过一层一层的筛选，最终到达塔顶。

传统的管理理论认为，一个管理者所能管理的下属人数都是有限的，而且越往高层，一个管理者所能有效管理的下属越少。这样的情况下，最高层管理者的意图传递到底层时已经变样；反之，底层的信息传递到最高层时也会这样。据说上海一家钢铁集团公司曾经失去大客户上海汽车一事，顶层管理者三个月后才知道。但信息化、网络化技术的发展，健全的规章制度和流程化管理的形成，使企业管理幅度得到扩展，企业的中间管理层次也就可以相应缩减，而扁平化的管理就是将原先承担上传下达任务的中间管理层砍掉，真正使企业通过组织结构的扁平化而达到信息扁平化。美国管理学家德鲁克一针见血地指出："组织不良最常见的病症，也就是最严重的病症，便是管理层次太多，组织结构一项基本原则是，尽量减少管理层次，尽量形成一条最短的指挥链"。如海尔集团将原来的职能结构转变成流程网络结构，垂直业务结构转变成水平业务流程，使企业达到了"三个零"——顾客零距离、资金零占用和质量零缺陷。

不可否认，企业通过实现组织的扁平化，从而实现信息和技术的扁平化后，能大大地提升工作效率，但是一个企业内部的部门诸多，部门与部门之间如何才能保持高效的沟通和协作呢？如下图，当企业砍掉了中间层后，剩下的几个部门之间也可能会因为某些问题而出现相互推诿、扯皮，导致责任或生产计划无法落实，最终影响企业的整体运营效率。

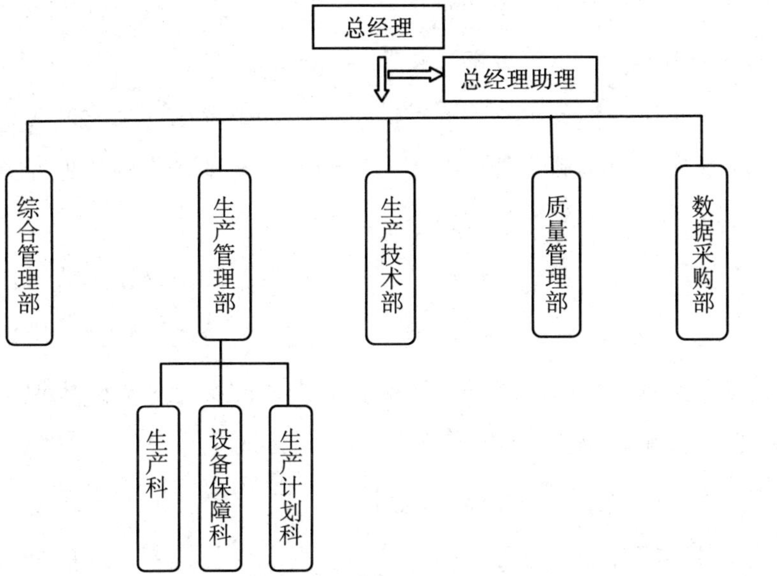


一家大型五金生产厂家的老板打电话曾向我咨询一个管理难题：上个月我交代助理本月的销售额要达到500万，助理将这个指标下达到了销售部门，采购部门和生产部门等各部，并且我也指定了每个部门相应的负责人，将任务交代下去后，我也会随时来检查进展，一切都按照计划在进行。

然而，快到月底的时候，问题出现了，销售部门没有产品，采购部门原料不足，而生产部门又因为原料不足而无法生产。因此，这个月的任务没有完成。于是，我就将各个部门的负责人召集起来，想找出原因，但是结果并不好。销售部门的负责人和生产部门的负责人把矛头都指向了采购部门，认为责任是他们的。如果能够及时供应原料，生产部门就能正常生产，销售部门也不会缺乏产品而无法销售。而采购部门的负责人则是一脸委屈地说是因为财务部门的资金未能及时提供，才导致采购部门无法供应。但是采购部门也想了很多办法，只是最后还是没有解决这个问题，每个部门的负责人各说各有理。于是我在想，对于没有完成这个结果，到底该由谁负责呢？

现实中，很多企业主或管理者可能都出现过以上的问题：各部门之间相互推卸责任，绕了一大圈，大家都没问题，那究竟是谁出了问题呢？当然是管理出了问题。

对于此类问题如何解决？那就是给每个部门分发经营会计报表，在企业内部或部门内部展开内部交易，透明式经营，用报表说话，清晰各部门的责任，改造企业内部的文化。具体来说，你可以从以下几个方面着手：

第一，企业主或管理者要将公司的营销、生产、研发、采购、物流等部门进行独立核算，引入内部交易机制，给每个部门单独算账，确立与市场或利润挂钩的部门核算制度。然后给他们制订简单、通俗，且能一目了然反映实际状况的数据报表，能够清晰地将企业部门内的现状看清看透。

第二，当企业、各部门都配有这样的经营会计报表之后，所有的问题就一目了然浮现在大家面前，哪里出了问题，是哪个部门的责任都一清二楚，大家再也不能够推诿扯皮了。比如说，如果公司当月的经营利润计划为600万，实际上只有540万，我们就可以在总部门的经营会计报表中分别分析“销售额”“销售成本”“促销费”“赠品费用”“制造成本”“采购成本”“物流费用”“人员工资”“办公费用”“资金使用费”等各项费用的增加或减少情况，得出它们对于当月经营利润产生的是正面或负面影响。企业老板带来各个部门负责人一起分析，明确每一项任务对于每个部门的责任，让责任无法推诿。具体的报表制作最好能详细到人，哪里出了问题，就去找谁。

第三，保证每个报表数据的严谨性。如果做不到这一点，那么报表便无法真正地发挥作用。保证数据的严谨的关键是管理者严肃认真的态度。各部门对报表数字必须要有严谨、追究到底的精神。有了这种严谨和追究，才能提升每个员工的责任感。

第四，及时从经营报表中发现问题。从部门表报中发现本次销售额没有完成到底是哪个部门的责任，该部门下一步就要开始做改善计划，进而使整个生产线进行循环改善。

## 管理“极简化”：激发员工的积极性

雷军说，小米公司内部从来没有打卡制度，没有考核制度，就是强调员工自我驱动，强调要把别人的事当成自己的事，强调责任感。大家在产品的信仰下、在责任感的驱使下去做事，而不是靠管理产生效率。从这一点上来讲，小米内部完全是被启动的，一切围绕市场、围绕客户价值，大家进行自动协同，然后承担各自的任务和责任。靠价值观凝聚人、牵引人，一切围绕客户价值，组织扁平化、管理简单化，这是从小米的实践中看到的互联网时代管理的创新。

另外，除了每周一的例会，小米很少开会，公司成立三年多，合伙人只开过三次集体大会。在小米公司内部强调的是责任感而不是指标。雷军曾介绍说，小米一直是 6×12 个小时的工作制，坚持了将近 3 年，靠的是大家的责任感。

小米内部的组织结构“扁平化”后，其内部管理也是“极简化”的，这种“极简化”管理，主要靠的是积极、健康的企业文化，即大家都在产品的信仰下，在责任感的驱使下去做事，自动承担责任。对于小米来说，管理要简单，要少管，少制造管理行为，这样才能激发每个人内在的积极性，他们才能将事情做到极致，才能出成效。

当然了，企业内部要靠营造健康、积极的企业文化而减少管理行为，这对许多企业来说并不现实，因为部下或员工的素质不够高，企业内部良性的文化氛围还未形成等，在这样的情况下，企业主或管理者，如何贯彻“极简化”管理模式的呢？

“极简化”管理，本质上指的“无为而治”的管理思想。实际上，现实中比较高明的管理者或企业主，会让部下感受不到他的存在，无论你是企业还是不在企业中，员工都能够积极、主动、自发性地工作，这就是管理的最高境界！管理一家企业，如果能达到“太上，不知有之”的“虚无”境界，不仅是企业领导者孜孜以求的，更是企业员工所渴望的！

这种“不知有之”的管理境界，就是“无为而治”，要实现“无为而治”的管理境界，需要具备三个条件：

1. 提升企业管理者自身的素质

首先，企业领导者本人的素质是至关重要的管理基础。古人说“内圣而外王”，只有企业领导者内心的精神力量非常强大，才可以统帅王者之师，行王者风范。如前面老子所言，“信不足焉，有不信焉。悠兮，其贵言”。管理者必须以自身的诚信赢得部下的信任和拥戴，部下就会乐于听命于你，即使不发号施令，员工也乐意追随你做事。也就是说，企业领导者要提升并善于运用“非权力性的影响力”。

2. 授权要讲求艺术

学会授权是管理者或企业主自身所必备的基本素质。因为你无力控制所有的事情，也无法制定全部的决策。当你试图控制所有的事情的时候，往往会做得既效率低下，又造成混乱。因此，你最好能让自己的下属去执行，因为他们可能比你更加了解情况。

当然，给下属授权要讲求艺术。管理者在授权时必须要因时、因事、因人、因境、因条件不同，而确定授权方法、权限大小、内容等。如采用目标管理方法，有利于下属实现目标的成就感。如果工作重要性较低或较为简单，可充分授权。若工作重要或较为复杂，可采用弹性授权的方法。也可根据工作的不同，采用实时授权，制约授权等方法。

身为一个管理者，其真正的作用在于恰当处理组织的协调问题，发挥组织成员的潜能。为了调动组织全体成员的积极性和创造性，齐心协力完成组织目标，管理者要善于决策，更要善于授权。

3. 提升员工的自我管理能力

要从根本上实现“极简化”管理，就要提升员工的自我管理能力。当然，要做到这点，你可以从以下几点出发：

第一，明确员工的工作职责。具体来说，就是完善公司自上而下的管理模式，这为增强员工的责任感提供了条件和基础。在公司中制定并执行严明的规章制度、健全部门的职能与岗位的职责，做到定岗、定员、定职责，虽然这样做并不能够增强员工的责任感，但却可以消灭员工的“搭便车”的现象，让员工的劳动与他的收入成正比例，以提高员工的公平感与对公司的满意度。

第二，提高员工的福利待遇。在企业中，员工通过工作获得收入，这些收入首先可以满足他的生理需求与生存需求，所以，福利待遇是员工最为关心的问题。如果公司的福利待遇水平高于同行业的平均水平，则员工就有保住这份工作的需求。为了满足这个需求，员工就会有服从公司制度的动机和行动，提高员工的公平感与对公司的满意度。

第三，满足员工的个人发展。在满足员工的生理需求和安全需要之后，员工的自我实现需求就会越来越明显。这个时候提高福利待遇的激励效果就会不明显，公司应该根据公司的情况制定一些能够满足个人发展的政策，来满足员工自我发展的需求。如果员工能在公司实现自我价值，就会关心公司未来的发展，因为公司的前途已经与个人的前途联系起来，从而提高员工对公司的责任感。

第四，员工持股。管理者可以推行员工持股以增强员工对公司责任感，因为，只有让员工自己当老板，员工才能够站在领导者的角度去反省自己的工作，才能更加有责任感。

前两种方式属于被动增强责任感的方式，而后两种则是员工主动增强责任感的方式。当然，要想让员工拥有像老板那样的责任心，就要采用小米公司的小单位式的运营模式，让利益彻底透明化，让员工时时感到自己是在为自己打工，而不是为老板打工。

## 企业“平台化”：做好资源运筹与人才整合

组织结构“扁平化”，企业管理“极简化”后，企业则完全变成内部资源运筹与人才整合的平台。比如华为公司，内部成立子公司，将权力下放到一线工作人员身上，华为总公司的职能从“拍板决策层”变成了品牌建设、人才整合与资金资源运筹的一个支持平台，将经营权和决策权大部分都交到了基层“班长”手中。

韩都衣舍作为中国名副其实的互联网快时尚品牌，业绩一路飙红。在2014年，韩都衣舍先后夺得天猫“双十一”女装冠军、“双十二”女装冠军及年度交易总冠军，成为名副其实的“三冠军”。在互联网这样一个快节奏的平台上，韩都衣舍是如何迅速成长起来，并取得不菲的成绩的呢？

从根本上看，韩都衣舍的成功就在于其独特的管理模式和企业在资源运筹与人才整合方面的“平台化”。

韩都衣舍目前共有280个产品小组，每个小组由1～3名成员组成，当然这些小组成员都是由总公司来分配整合的，每个小组成员主要负责产品的选款、页面制作、库存管理等，目前韩都衣舍旗下的28个品牌都是分裂出来的！也就是说，韩都衣舍已将自身定位于基于互联网的多品牌运营集团，本质上其实是一个平台公司，而不仅仅是某个已经被限定了的产品公司，它突出的是“人人都是经营者”。

可以说，以小组为核心的单品全程运营体系已经成为韩都衣舍公司的经营特色，也是韩都衣舍经营灵活性的重要保障。那么，这个以小组为核心的单品全程运营体系到底为何物呢？它是怎么产生的，又有什么功能呢？

简单来说，就是将产品设计、导购页面制作与货物管理全权交给3人小组，由他们自主经营，自负盈亏。该体系的本质是将运营组织最小化，在此基础上实现“责、权、利”的相对统一：在“责”上，根据所获资源，每个小组都有明确的销售额、毛利以及库存周转率的要求；在“权”上，开发哪些款式、每款几个码、如何定价、库存深度多少、是否参加打折等都由小组说了算，几乎拥有一个网店老板的所有权力；在“利”上，用销售额减去相关费用，再乘以毛利率、提成系数与库存周转系数，就是小组奖金。如此一来，3人小组为了提高业绩，工作积极性就会大大增强。

另一方面，对公司来讲，每款产品都有3个人来全程跟踪，3人组应对市场反应是快速准确的，从而提高了库存周转效率，也促进了新产品的及时上线。该体系支持针对每一款商品实现精细化运营，最终实现单品结算，使做一款产品与做1000款产品别无二致，这其实就像是农业合作社过后的家庭联产承包责任制，通过责任到人，员工的积极性便得到根本性的提高，从而也提高了整个公司和品牌的利润率。

韩都衣舍总公司已经成为单个时尚品牌的孵化平台。总公司会利用自己的资源和技术为子品牌提供供应链、IT、仓储、客服四大方面的专业化服务，子品牌只需要专心做产品研发。

韩都衣舍实行的小前端、大平台的运营模式，就是希望通过这个平台帮助子品牌实现调性与质量的统一。在该平台上其旗下的子品牌不仅可以享受到四大专业化的服务，还可以参加“韩都大学”接受电商专业知识的培训以及商业模式等经验交流。

“韩都衣舍”对公司的资源分配有着十分仔细的规划，所有的资源都只为获取用户的满意，可以这么说，其公司总部就是一个资源分配、支持销售和人才整合的平台。

在现阶段，一个企业竞争力的强弱，不仅体现在盈利能力上，还主要体现在对资源的运筹能力上。在新的经济形势下，身为企业主或者管理者如何才能让公司巧妙地完成总部变身为资源运筹和支持的平台，同时还能有效地提高公司的盈利能力呢？在此，我们给出以下几点建议：

1. 对公司的总资源进行充分的分析和把握

公司既作为资源运筹的总平台，身为企业主应该充分对公司的资源进行分析，同时更要关注重点公司、产品与投资的具体把握；要善于从战略的发展、收益能力和风险水平等不同视角综合反映总部资产和收益状况、各下属业务单元的资源利用效率与效果；既要有横向行业标杆比较分析，也要有纵向的战略回顾；同时还需要以此为基础设计公司内部差异化的预警机制和业绩评价指标体系。在管理思路上最重要的一点就是对公司总部的这种分析能力，管理者既要能把握定性情况，更要重视用数据说话、指针量化。

2. 总部必须把握资源的分配

在缩小公司经营单位的同时，公司的财务、人力、材料等资源必须要牢牢地掌控在总部手中，下属各单位不得作为财务投资主体，而是需要实施专业化运用，培育专业化运营的业务板块或子公司，同时，也应对各业务版块的经营风险与财务风险给予警示和监督。

## 权力“下放”：让基层员工参与经营

将公司“做小”，实现企业组织与管理的极简化和高效化后，接下来极为关键的就是高层领导者要将权力下放。经营单位“缩小化”后，每个经营单位都是相对独立的经营实体，必须要具有一定的职权和能力。如果公司总部不愿意下放权力，总想把权力握在手中，或者经营单位不敢行使相应的权力，继续依赖公司总部，那公司实现“简化、高效、极致”的目标，就难以实现。因此，企业经营者在缩小经营单位，划分“班长”制的经营模式时，一定要有意识地锻炼下属业务单元的独立经营能力，并赋予一定的职权。在划分经营单位人员时，就要严格按照职权划分的规则，公司总部不该管的地方，坚决不管，经营单位要承担的责任，必须要承担起来。

当然，身为管理者，要想将权力“下放”，第一就要积极营造出“授权”的氛围。

雷军说，每个员工都希望获得展现自我的机会，一旦得到机会，他们都会不遗余力地努力完成任务。当然，如果一个领导总是对他们的工作横加干涉，对他们的表现持怀疑态度，会极大地影响到他们的积极性。作为员工，他们需要被人信任，尤其是被上级信任的感觉，这样他们才能真正地展露自己的能力。

为什么要营造一个良好的授权氛围呢？这实际上是要引起员工对授权工作的重视，观察他们对授权的看法。因此，在确定授权之前，努力营造一个好的氛围是很重要的，作为一个管理者，可以从以下几个方面着手：

(1) 与员工分享企业的信息，管理者为下属提供企业的经营成本、生产效率、产品和服务质量、财务状况、业绩等一系列敏感的信息。

(2) 授予员工一定的工作自主权，在一定范围内鼓励员工自己做主。

(3) 明确“经营团体”中每个人的责任，让整个经营团体都富有责任感，拒绝对工作“踢皮球”的心态。

(4) 帮助员工成长，作为一个管理者，要成为下属的老师和团队的带头人，创造一个良好的环境，发挥每一个人的能力。

原宏碁集团董事长施振荣在管理上特别注重授权，他曾经说过：“你一插手就完了，他怎么长大?”与施振荣一起创立公司的副总裁黄少华说：“施振荣从不不会强迫你做任何事，除非你同意或愿意去做。”

要想让授权取得理想的结果，有一个良好的授权氛围很是关键，作为一个管理者，不能忽视对授权氛围的营造，否则的话，员工就有可能不能正确地领会领导的真正意图和企业发展的方向。

公司的管理者要始终明确这样一点：以能量授权。以资历授权会贻误大事。如果想要成功授权，其关键就是需要根据员工能力大小和知识水平高低进行适当授权。同时还要保证在进行权力下放分配时，不危及管理者的权威。否则，管理者在今后的管理过程中会出现许多意想不到的问题。也就是说，管理者在向下属授权时，一定要考虑权力下放的宽度与深度。比如，需要下放多少权力，向哪些人下放权力，在哪些方面可以下放权力，哪些方面不能下放权力等。除此之外，公司的流程和在岗人员分配方面也应该做出相应的调整。

要想做好这些，公司需要通过绩效评估、素质测评、观察、访谈等方法对员工进行排序，之后才可以实施梯次授权方式。具体包括充分授权和不充分授权。

作为本田集团的第二任社长，当河岛决定在美国办厂时，企业内已经预先设立了筹备委员会，其成员主要来自人事、生产、资本三个专门委员会中的人才。虽然做出决策的是河岛，但制定具体方案的却是委员会的其他成员，河岛在授权之前，对这些人才都做了充分的调查和研究，最终得出结论，认为委员会成员会比他做得更好。

新厂最终落户俄亥俄州，令人意外的是，河岛一次也没有去看过。一天，一位副总问他为什么不到美国实地考察一翻，他的回答是："我对美国完全是陌生的，既然熟悉它的人觉得这块地最好，我就该相信他的眼光。我又不是房地产商，也不是账房先生。"

对于财务和销售方面的管理，河岛完全继承了本田的作风，他把这方面的工作全权托付给副社长。1985 年 9 月，在东京青山一栋充满现代感的大楼落成了，赴日访问的英国查尔斯王子和黛安娜王妃参观了这栋大楼，传播媒体也竞相报道，本田技术研究公司的"本田青山大楼"从此扬名世界。实际去规划这栋总社大楼、提出各种方案并将它实现的是一些年轻的员工们，本田宗一郎本人没有插手过问，他对手下常说的一句话就是：不要抱着权力不放，要充分相信年轻人。

本田集团之所以能够不断创造新的业绩，实现新的突破，在大程度上在于本田能够根据每个人的长处充分授权，对于一些能有作为的年轻人，也敢于大胆起用，培养他们强烈的工作使命感，使本田集团不断向前发展。

管理者或经营者将权力下放到基层的执行者，让他们控制好自己的部门，整个公司的资源便能得到有效的利用。权力下放可以激发和鼓励员工，这份信任可以激励他们的责任心，让他们感受到自身的重要性，为公司创造价值而不仅仅是实现价值。

## 授权原则：信任与监督“齐头并进”

管理者将权力下放到基层，经营单位可以自行做主，无须事事都向领导汇报，自身具备处置与解决用户问题的能力，更加快速有效地解决一线的问题，但当经营单位具体实施起来，却会遇到种种的问题，如果公司一味地给“班长”授权，有可能带来风险，一线员工能力跟不上，很有可能会“胡来”，这个时候，公司经营者如果监管不到位，很可能会带来种种的“风险”。所以，如何平衡信任与监督，便成了一道极难的管理难题。

一家图书出版公司，为了提升产量，为了在年销售码洋上有所突破，管理者制度了一个授权计划：给编辑部主任以充分的授权，即拥有独立决定选题策划的权力，不再让老板签字拍板。同时还给销售部的一线员工授权：拥有独立处理客户的特殊要求，不再需要经过上级的层层批准。这其中还包括调货甚至降低价格。本来这些授权的出发点，就是为了充分调动策划部与销售部员工的创造性和积极性，进而使公司实现更多的盈利。但事实上，策划部为了将码洋做上去，不做市场调查，做出的许多图书质量都达不到要求，成为库房里的滞销书。同时，销售部为了提高销售码洋，便以极低的折扣卖给分销商，无原则地压低价格，甚至有的销售员为了提升销量，还将原来 3 个月的账期推到了 6 个月，给公司带来了极大损失。

上面就是一个典型的“授权失则”的案例。管理者为了调动基层员工的创造性和积极性，给他们充分授权，监督机制却做得不到位，给公司带来了极大的损失和严重的后果。管理者要明白，所谓的授权，并不是完全撒手不管了。如果管理者在授权后不引进合理的监管机制，那将会给公司造成极为严重的损失和后果。

一位管理学家曾说过：控制是许可证管理的“维生素”，所以，许可证管理的本质还是控制。作为一个管理者，不能让基层的员工恣意妄为，而是想办法懂得监督，让他们主动承担起属于他们的那份责任。

如果下属是天上的风筝，那管理者就是下面放风筝的人，不管风筝要飞向何处，那根线都始终拽在管理者的手中。根据下属的实际能力，拽在管理者手中的线可松可紧，但绝对不能从管理者的手中脱落，如果那样的话，风筝会飞向哪里，企业会走向何方？

对此，你要做到以下几点：

1. 明确权责，制定行为原则，使权责一致

对管理者来讲，授权的前提是明确职责，在授予某一件权利前，一定要确定其行事的原则，这也是搞好授权与回馈与控制的前提。若是职责不清，各司其职，就会不断地发生摩擦，相互“扯皮”或者“掣肘”，这是授权的大忌。所以，授权者必须要向被授权者明确授权事项的目标和范围，明确被授权者的权力和应该承担的义务及责任。对方若违反原则地“胡来”，可以给予相应的惩罚措施。这样既可以调动被授权者的工作积极性和创造性，又利于授权者“用心”做好事情。总之，管理者在授权时一定要保证被授权者的权力与责任相一致，即有多大的权力就应该担负多大的责任，做到责权统一。

同时，管理者在给某位员工授权时，一定要对被授权的下属有个清醒的认识，仔细地考虑他们是否具备潜质，比如，是否勇于承担责任；是否会把公司的事情当成自己的事来做；领导不在时能否担负起留守之责；关键点上是否能及时请示上级等。只要是具备这些职业素养的员工，管理者便可以进行授权，毕竟，找对人方能做对事。

2. 回馈与控制

为保证下属能及时完成任务，了解下属的工作进展情况，领导必须要对被授权者的工作进行不断地检查，掌握工作进度信息，或者要求被授权者及时反馈工作进展情况，对偏离目标的行为要进行及时的引导和纠正。同时领导者必须要及时进行调控。当被授权者由于主观不努力，没有很好地完成工作任务，必须要给予纠正，并承担相应的责任；对不能胜任工作的下属要及时更换；对滥用职权，严重违法或违反原则者，要及时收回权力，并

予以严厉的惩治，对由于客观原因造成工作无法按时推进必须要进行适当的协助。

3. 授权不等于“任其发挥”

身为管理者要明白，“授权”给下属是一把双刃剑，对他们控制得太严，很容易限制他们才能和创造力的发挥；若控制得太松，则会造成“失控”的情况。所以，一个有才能的管理者，会做好信任与监督两项原则。授权不是“任其发挥”，而是一种收放艺术。也就是说，你在对下属授权的时候，必须要明确所授权限的范围，做到有所授有所不授。这都需要管理者在职务说明书上面严谨地予以标明。这样才能对下属和其权限进行把控，不至于出现“失控”的糟糕局面。

总之，随着信息经济的不断发展，社会变得更加复杂，信息剧增导致领导工作量倍增，各位领导者尤其是公司部门的领导者，必须学会正确授权，减轻人力工作压力，提高工作效率，使组织得以更好地发展。

# 第三章

# 重人才，轻资产：做专、做细、做精、做到“不可替代”

要将公司“做小”，除了缩小经营规模、简化管理，降低“内耗”外，也要对企业的“资产”予以“瘦身”。这就要求，老板或内部管理者一定要克服“资产情结”，及时处理掉不符合公司发展的资产，采用轻资产进行经营，逐步地提升资产的利用率。同时，要重视人才，加大对“人才”的投入，也要加强对员工的价值分析，而不是仅凭个人喜好去判断员工的好与坏。同时还要求经营者要有“匠人精神”，沉下心去，拒绝浮躁，将产品做专、做精，做到“不可替代”。

## 重人才，轻资产：企业的强身“利器”

小米团队是小米成功的核心原因，他们的团队成员，富有创造性，充满激情，所向披靡，从根本上讲，小米的成功是人才凝结的结果。

雷军在小米创业之初最重视的就是人才，他说，他要找一群聪明的人在一起共事，并且为了挖到聪明的人才不惜一切代价。如果一个同事不够优秀，很可能不但不能创造效率，反而有可能会拖整个团队的后腿。真正到小米来的人，都是真正能干活的人，他想做成一件事情，所以非常有热情。来到小米工作的人聪明、技术一流、有战斗力、有热情做一件事情，这样的员工做出来的产品注定是一流的。这是一种真刀实枪的行动和执行。

当时，小米总裁雷军决定组建超强的团队，前半年花了至少80%的时间找人，幸运的是找到了7个牛人合伙，全是技术背景，平均年龄42岁，经验极为丰富。3个本土人才加5个海归，来自金山、谷歌、摩托罗拉、微软等企业，中西结合，理念一致，大都管过超过几百人的团队，充满创新的热情。

雷军说，如果你招不到人才，只是因为你投入的精力不够多。我每天都要花费一半的时间来招募人才，前100名员工每名员工入职都亲自见面沟通。当时，招募优秀的硬件工程师尤其困难。有一次，一个非常资深和出色的硬件工程师被请来小米公司面试，他没有创业的决心，对小米的前途也有些怀疑，几个合伙人轮流和他交流，整整12个小时，打动了他，最后工程师说：“好吧，我已经体力不支了，还是答应你们算了！”

在新时代，企业核心竞争力归根结底是人才的竞争，这已是不争的事实。但是许多企业经营者，却始终没将“人才发展”放在头位，而是宁愿花大钱去买地、建厂房、买昂贵的机器，宁肯让这些重资产闲置、浪费掉，也不肯花钱去请领域里的专业人才。一个成功的企业，必须是不断聚集和持续造就高素质人才的企业。的确，对任何一个企业来说，所有的事都是需要“人”去做和完成的，做事质量与效果的好与坏，完全取决于人才素质的高与低。可是，在许多企业经营者的观念中，还是想着要将企业做大、做强，就必须先要扩大规模，添置资产，只要规模大了，不愁找不到人才。殊不知，在当下的经济环境中，重资产模式，只会增加企业的负担，使企业的灵活性丧失，经营者要学会转变观念，而不是将思维停留在如何“做大、做规模、做平台”，而是应沉下心来，思考如何去引进专业人才，将产品“做专、做精、做细、做深”，然后做到“不可替代”，拿出“匠人精神”去经营你的企业，保持专注和耐心，这是企业的强身利器。

浙江一家铝合金制造厂，自20世纪80年代建厂，在90年代迎来了迅猛的发展势头，截至2010年，该企业已经成为有上亿规模的大企业。该企业旗下除了生产铝合金系列产品外，还经营童装、羊毛衫以及酒店管理及房地产领域。但是，随着近几年人力成本和原材料成本的上升，该企业因为规模宏大，再加上内部管理不当，一度处于严重亏损的状态。

该企业领导人对此进行了大刀阔斧的改革，果断地砍掉除了铝合金产品外的所有产业，卖掉其旗下的几家酒店以及开发的房地产业，卖掉童装、羊毛衫的生产线及厂房，将腾置出来的资金用于“招兵买马”，引进铝合金金属方面的专家，进行项目跟踪。

另外，为了控制风险，该企业负责人将企业内部的每条生产线都配置有专门的专家及营销经理，让他们自主去开发市场，开发产品，每个专家及营销经理都给予一定的股权激励。

该负责人在企业内部实行的合伙人制度，一方面使管理层更趋于稳定，降低高级人才流动性风险；另一方面可以提高项目团队的自主意识，实现员工激励，改善运营效率，创造最大价值。2015 年 5 月初，该企业在内部全面实行量化绩效考核，该企业不同产品的项目定位、经营产品、设计、生产和后期运营管理都配备相应的核心团队。企业选拔人才以内部培养为主，有能力和责任心的员工将获得更多的发展空间和效益。企业的量化考核基于内部的执行标准和考核机制，通过量化指标来辨识个人工作能力，以发掘可培养的人才。这样的考核机制，将实现员工激励，避免责任推诿，增加工作积极性，提高工作效率。

经过一系列的改革后，该企业去年的营业额达到两亿多，利润是过去的 5 倍之多。该企业负责人由衷地说：“企业的未来战略重点就在于实现重资产向轻资产模式转型，加强人才引进，加紧培养内部人才，提升市场竞争力，增强持续发展的能力。”

的确，在利润透明化与市场化的时代，企业内部的一些“重资产”只会成为企业的累赘和拖累，“重人才、轻资产”是未来企业发展的一大趋势。尤其是商业模式历经数十年洗礼的制造业，产品的生产和营销也在不断地多元化，未来的竞争就在于内部管理机制与人才储备的竞争。

## “轻资产化”经营：果断剔除“重资产”

在许多中国企业主的观念中，公司要想获得高额利润，那就要扩大规模，为此他们重视资产的扩张。比如，一家品牌手机，他们设立了研发部，靠成熟的技术将自己的品牌做强了，这时企业经营者觉得这样赚得还不够多，于是就想自己也生产手机，于是又建了厂房，开设流水线式的生产，手机生产出来了，还觉得没有实现“利润最大化”，于是又开始组建销售团队，在卖场设经营店，自己卖手机。如此一来，企业的规模逐渐在扩大，可其负担也越来越重。公司的精力和资金都得到了分散，公司的规模是扩大了，资产是增加了，可企业的竞争力却在不断地下滑。这是很多企业家的发展思路，其本意是想将产品各个环节的利润都收入囊中，一味地铺摊子，结果却分散了精力和资金，企业机构和中间沟通和流通环节变成负累、臃肿不堪，浪费，反而吞噬了原本的利润。

在当下“微利”经济时代，真正有竞争力的公司或企业都要学会“瘦身”，那就是做好核心产业，即企业要紧紧地抓住自己的核心价值，而非核心业务。公司的核心价值主要指公司的价值观念、经营理念、客户资源、品牌、管理、服务制度等，对于物流、生产等，完全可以外包出去。对企业来说，其自身的厂房、设备、原材料等“重资产”，往往需要占用大量的资金，这样的企业一旦受到产能的限制，而市场需求仍然增长，那么想要获得更高的利润，就必须投资新的产能，这需要消耗掉大量的资金和时间，如果投产过慢，则可能丧失获利的机会。因为那个时候市场需求可能早就发生了变化，并且一旦需求转向，重资产的公司不仅盈利增长乏力，而且一些新的设备和厂房造成大量的折旧反而降低了利润。

无畏无悔酒业是在互联网模式上建立的酒业公司，酒舍面向的用户主要是在奋斗路上的人，目前有两款主打产品：无畏酒和无悔酒，前者是果味的米酒，健康低度，面对的消费群是年轻人，后者则是白酒，面向的消费群主要是为事业拼搏的中青年。

无畏无悔酒业与传统的酒业公司的发展模式不同，它采用的是扁平化的营销模式，砍掉中间环节，研发、口感、质量主要由团队负责，生产过程则全部外包。其运营靠的是众筹的方式，参与即股东，这样，一来能够提高销售的积极性，二来也能缓解运营的压力。

无畏无悔酒业的重心在线上理念与品牌的推广，酒只是公司经营的精神理念载体，以后消费者可以在线提出需求，定制属于自己个性的酒，比如可以选择将自己的奋斗故事印制在酒瓶上等。无畏无悔酒业的轻资产运营还分为在线和线下两块。

在线主要是建立社群，让大家都可能拥有自己的主页，在上面尽情地分享关于创业、管理、营销方面的故事，同时也能够实现内部资源的对接。

而线下则主要是落地与一些茶餐厅或者公司办公场地合作，一方面可以实现在线社群的线下落地，促进大家相互之间的沟通和了解；另一方面也能够提供活动场地的餐厅加强自身品牌的宣传，同时还可以帮助其拓展资源。

另外，在线社群引向线下落地的模式，可以提高酒舍铺开速度。企业负责人表示，未来可以将在线打造成一个社群生态圈，开发多层次的需求，除了自身卖酒，用户也可以经营自己的产品，比如，书、茶等。

由上面的事例可以看出，轻资产经营模式是现代公司发展所必须要实行的，重资产模式只会导致公司的生产成本高昂，灵活性丧失。同时，还会导致公司的产能过剩，与市场完全脱节，导致供应链前端的需求杂乱，中间环节管理混乱，后端重资产运作，而公司自身的发展也将受到严重的阻碍。

对于一个企业来说，所谓轻资产运作就是指运用最少的成本去撬动最大的资源以获取最大的利润，要想真正实现这一目的，发展理念、价值观念、人力资源、客户资源、品牌、运营模式与管理制度必然要取代生产线等重资产成为工商业界运作的新主角。

在这个讲究速度和创新的时代，轻资产的运作日益成为工商业界的新圣经，与旧的“重资产”型企业相比，轻资产公司有明显的竞争优势：

1. 优秀的轻资产公司能比较容易获得较高的毛利

所谓的“轻资产”公司，主要依靠的是“理念”取胜，在行业发展变动的过程中，它很容易占到相对优势的地位。从长远的发展眼光来看，轻资产的投入成本较少，则极容易获得更高的收益。

2. 轻资产公司通常都具有附加值较高的无形资产

轻资产公司中的“类金融型公司”，比如沃尔玛、国美、阿里巴巴，这些企业的特点是现金流极为丰富，尽管许多钱是供货商的或用户的，但是现金流强大让这类企业有很强的复制能力，复制能力又产生了规模效应和正回馈，低成本将顾客牢牢吸引在身边。

“知识产权为王型公司”亦属于轻资产型企业，比如微软、可口可乐等公司，单单凭借配方权，便在行业中占据了极大的优势。

“品牌型轻资产公司”靠的是“品牌”制胜。比如耐克、苹果公司等，这类品牌型轻资产公司，主要特点就是专注于品牌扩展和产品的研发，将生产外包，它的精髓还在于经营的全球化。

由此分析，轻资产化经营是未来企业发展的一种新模式，亦是提升企业竞争力的核心所在。

## 给企业“瘦身”是一门技术活儿

企业要推进“轻资产化”经营模式，尤其是那些大企业，要想去削减企业的资产，给企业“瘦身”，并不是件容易的事，它也是一门技术活儿，需要精心策划、细致思索、精益考察，当然，在做这些之前，最应该慎重考虑以下两个方面：

第一方面，要清楚的是企业轻资产运营的基础，就是要拥有“核心能力”：即明确企业自身的核心专长所在，方知该专注什么、该放弃什么、依托什么去运营、运用什么去扩张。光明乳业正是因为具备了突出的营销能力和品牌优势，而且这一点得到了市场甚至竞争对手的认同，凭此它才能成功实现低成本扩张和轻资产运营。对于一个企业来讲，没有核心能力或不知道核心能力所在的企业，是不宜实施轻资产运营的。

所以，身为企业经营者或管理者，要对自身的企业进行“瘦身”，实施轻资产化运营，就要对自身所处的行业进行专业化的分析，明白企业的“核心能力”。为此，你可以将公司的运营或生产流程分为若干个环节，而且要对每个环节进行仔细和专业的分析。要知道，公司一旦实行“轻资产化”，最为关键的就是对供货商与供应链的管控能力。因为前端的供应链一般比较复杂，比如原材料的供应、市场调查等，只有管控好他们，公司才能腾出时间来聚焦核心竞争力，减轻成本，将产品“高附加值”化；至于后端的“生产”或“服务”环节，经营者也要进行认真的思考，并对后端的“承包商”进行筛选，并对它们实施有效的管控，这样才能提升公司本身的生存能力，也是将企业“轻资产”化的真正意义所在。

第二方面，要将非核心业务外包给专业的供货商。很多时候轻资产化，无非就是非核心业务外包给专业的供货商，这样一来，其成败就只取决于公司的供货商管理能力。

在全球电子消费品行业里，苹果公司已经成为传奇的代名词。据美国《财富》杂志的2012年世界500强排行榜，苹果公司高居第55名，较2011年上升了56名，在苹果公司所属的计算机、办公设备行业里，苹果排名全球第二，仅次于惠普。它凭借高效的创新能力，成为全球利润最高的企业之一。当然，苹果的成功有多方面的因素，其主要的是采用“轻资产”的经营模式，企业专注于产品的创新，提升了产品的“附加值”。同时，苹果公司将产品组装业务全部外包，大大减少了其产品的生产成本。

苹果公司非常重视先进技术的研发工作，苹果公司拥有非常强大的研究机构，目的就是为了在未来市场竞争中占有一席之地。市场上的电子类企业一向致力于发现消费者的需求，继而迎合需求，然而，苹果公司走的是一条完全不同的路：创造需求。

面对种类繁多的电子产品市场，消费者多数时候并不知道自己真正需要什么，这种情况下，他们选择的是风险最小的，也就是价钱最低的。手机行业曾经的霸主诺基亚，通过推出1000多种不同型号的手机，成功地将有不同层次需求的消费者一网打尽，但这也导致了诺基亚倒退到工业生产时代的老路上，生产而不再创造。反观苹果，他们的思路是，不去问消费者需要什么，而是去创造那些他们需要但表达不出来的需求，比如手感、感觉等。苹果的产品通过完美的消费体验，为消费者提供了一种新的生活方式，从而创造出新的需求。而这些需求是市场上别的产品满足不了的，由此消费者想获得这种完美的用户体验，唯一的选择就是购买苹果的产品。

苹果在研发流程中，始终都贯彻着创造需求，走差异化路线的思想。无形的使用者体验和新的需求为苹果的产品创造出巨大的价值，这也为苹果公司的成功打下了坚实的基础。

另外，苹果的生产战略采用的是完全外包的模式。这种方式降低了产品的成本，苹果在面对自制还是外包决定时，可以完全避免自制的劣势，充分发挥外包的优势。由于研发战略的实施，苹果的产品的价值依赖于无形的设计与软件，而不是硬件，因此苹果并不需要大量的投资去制造核心零部件，也就是说，苹果的产品没有核心零部件，因而不依赖于专门资产的投资。这种完全外包的模式说明苹果公司避免了自制带来的低效率和高成本，继而增长了利润。

以IPhone为例，屏幕由夏普生产，处理器由三星生产，内存、电池、摄像机都在中国生产、组装，它们都没有核心技术。换言之，供货商都不是苹果的唯一选择，这在某种程度上削弱了供货商与苹果讨价还价的能力，苹果则以大量的订单为筹码压低供货商的供货价。也就是说，与其他同类的电子产品相比，苹果具备了两点：高定价和低成本，这就为苹果的成功提供了较高的利润保证。

当然，苹果在供货商选择方面也有自己的要求：生产线必须要达到与苹果品牌一致先进的水平。同时，他们在管理下游供货商方面也有自己的原则：所有供货商在生产这些零部件的过程中，必须要由苹果公司完全控制，而且苹果也会全程参加。这样做的好处显示在近三代IPhone的定价上，任何一代苹果手机，三年的平均成本约为330美元，按照50%的毛利定价，所以销售价格应该为649美元。这种升级不升价的做法，给消费者带来了一个强烈的信息：升级产品后，你享受到了一款性能更好的苹果手机，但你却不必为此付出更高的价格。

从苹果的“轻资产化”发展模式，给我们以这样的启示：企业的核心价值建设是极为重要的一方面，比如苹果的品牌建设。同时，在下游的“外包”阶段，企业需要在战略寻源阶段寻找到合适的供货商；另外，公司要在后续管理阶段保证供货商的绩效；同时需要将关键供货商集成到公司的系统、流程里，以进一步将成本做下来，将质量和速度做上去。

从根本上讲，轻资产运营的要务，就是质量控制。业务外包能保证工期、质量吗？贴牌生产会不会砸了牌子？苹果公司的实践已经证明这些问题和顾虑都是可以解决的，那就是建立健全一套科学的质量保证体系和产品验收体制。

很多时候，轻资产运营的过程实际上就是供应链与供货商管理能力的建设的过程，所以不可避免会出现艰难险阻。尤其在公司中实行轻资产的运营，其过程中会涉及公司产品、流程的外包，管理对象就会变得复杂，供应风险也会相应地增大，这是公司轻资产化过程中需要考虑的重要因素。

## “聚焦”能量：从小处着眼，往深处探索

对于大企业来说，“轻资产化”需要考虑的复杂因素很多，但对于中小企业来说，要“轻资产化”，最为关键的就是要做到一点：“聚焦”能量，从小处着眼，往深处探索。其实，每个中小企业经营者都应该细思这句话，并从中汲取养分，让企业从同质化泛滥的市场中“绝处逢生”。

悉数那些中小企业，他们都有一个特点：产品品类达到几十种甚至上百种，是很多大型企业产品品类的好多倍，“市场有什么我就模仿什么，加台设备就行”，很多中小企业坐着“山寨化快车”，在一轮一轮的市场“大洗牌”中把自己送进了坟墓。

这些中小企业有着庞大的产品线，但与之相配套的营销策略、人才架构、管道推广投入却极少。在“轻资产化”的经济时代，小企业实力小，那就应该将自身有限的力量，集中在打造明星产品上面，守正出奇，才能真正地“绝处逢生”。假如在势单力薄的情况下还不收缩产品线聚焦打造“爆款”，结局必将是被

市场无情地抛弃，中小企业应该从小处着眼，打造“专精特新”的小产品，纵向深挖，塑造出具有不可替代性的顶级爆款，才能以小博大。

有一个三口之家，男的是教师，女的下岗后在家附近的街面上开一家小店，主要经营纽扣，同时还卖些头饰、胸花之类的小玩意儿。女儿在一所普通中学读书，成绩一般。一家人都是普通人，过的日子也是普通的日子，平平淡淡，紧紧巴巴。

有一天，男的下班回到家中告诉妻子，他有一个新的发现。妻子耸耸肩膀，洗耳恭听。男的说，昨天，我在图书馆去看一份杂志，介绍的都是全世界的大公司，称为“五百强”，我研究了他们的成功之路，发现一个普遍的规律，那就是他们的经营者都是一根筋，一辈子只做一件事，企业只走一条路。

妻子很是好奇，就问：“什么意思?”男的说，比如，你卖纽扣，就只卖纽扣，卖所有品种的纽扣，店面再大，都不卖别的。也就是开专营店，五百强走的大多都是这条道路。

有了这样的一大“发现”之后，夫妻俩就有些心动了。一天晚上，他就对妻子说道，以后再进货，头饰、胸花之类的东西，就不要再进了。全进纽扣，有多少品种就进多少品种，看看结果会怎么样。

按照这样的路子发展下去，不久，妻子经营的店面生意逐渐地开始红火起来。几年之后，就在全国开起了连锁店，夫妻俩也被当地人誉为“纽扣大王”!

对于中小企业而言，唯有“聚焦”能量，只专注于一项产品，并从小处着眼，往深处探索，才是长久的生存和发展之道。

据相关统计，中国寿命超过一百年的企业仅有几家，而曾经一度动荡飘摇的日本，其寿命超过一百年的企业竟然有5万多家。这些企业一度曾让日本成为“精致”“精品”产品的代名词。日本的这些百年长寿企业都有一个特点：百年时间里只专注于某个领域，也为企业赢得了社会信赖。这种信赖成为长寿家族企业最可宝贵的财富，提高了企业的抗风险能力。诚信经营加上透彻的匠人精神成了日本企业长寿的秘诀。中小企业经营者应该从日本长寿企业中汲取精华，聚焦自身的“能量”，将产品做精、做专，才是长久的发展之道。

另外，除了在产品经营方面“聚焦”能量，中小企业要“轻资产化”，还需要善于整合资源，着重品牌的塑造和营销，以小的投入创造“大收益”。

对于中小企业来说，推广品牌第一个面临的便是费用和宣传策略的难题。现实中，很多中小企业主都曾抱怨：“我知道广告费浪费了一半，但我不知道到底是哪一半。”这个哈姆雷特式的疑问一直困扰着诸多的广告主和媒体人。开源、节流是企业的根本，对于中小微型企业来说更是如此，一元钱恨不得掰成两半花，在广告泛滥的大环境下，需要有效调整营销推广策略，维持低价推广费用，保证优质营销效果，才是王道。

中小企业在宣传推广中应该侧重精准广告、精准公关、新媒体自营等几个方面的策略，一方面尽量避开大媒体黄金段，寻找适合自身产品的媒体，将有限的广告费用按营销节气合理分配，将二流三流的区域进行搭配整合，拦截卫视的部分受众，加强广告创意，引起口碑传播。另一方面建立高执行力的营销及促销团队，做终端到消费者之间的面对面精准化促销，在公园、小区等人群密集区有规划地实施促销活动，联合承办各类公益活动以提高曝光率和社会形象。同时，也应该建立属于自己的自媒体平台，收集消费者粉丝，建立会员库，为移动精准营销做好充足的准备，在传统互联网上面，充分发挥网络小区的宣传力量，引起话题，提高影响，传统产业应该与互联网、移动互联网进行有机的结合，广泛分析、研究、采纳各种新思路新模式，以保证在新商业环境下不会落伍。当中小企业主们发现自身宣传推广资金不足时，必须从策略上进行调整，避免硬碰硬，合理搭配推广管道资源，势必会事半功倍，以小博大。

同时，很多中小企业主应明白，塑造品牌不仅仅是打造企业品牌和产品品牌，更为重要的是打造市场品牌，从点到面的形成品牌辐射区，最终才能走向全国。企业主最好能从区域明星样板市场开始谋划品牌战略布局。当然，切勿在区域市场上刚有起色便翘起尾巴盲目扩张，冲动必有惩罚，中小企业应该遵循市场规律，从小入手，建立品牌根据地，当自己企业的品牌根据地在全国遍地开花的时候，相信企业品牌早已美名远扬了。

总之，中小企业品牌出路要细处逢生，要以小博大，要避免声势浩大的硬仗，瞅准机会，才能四两拨千斤。

## 在最擅长的领域：做精、做深、做透

在日本企业界，人们用得最多的一个词就是“本分”，即好的企业只专注于一个领域，并将自己最擅长的“作品”做深、做透、做清楚。随着市场竞争的加剧，人们对产品和服务的专业化和极致化要求越来越高，这也使企业面临着从“广泛化”“全面化”向“专业化”和“极致化”转型。

悉数全球一流企业，你可以发现一个规律，他们都会在自己擅长的领域内做最专注的发展，比如可口可乐只卖可乐，从来没想过要卖汉堡。而麦当劳只卖汉堡，却并不卖可乐，这就是专业化。不可否认，“专业化”发展，能够大大地提升产品的“附加价值”，增加企业的“利润”。

曾获得过日本年度企业家奖的梅原胜彦，其从1970年到现在始终在做一个小玩意儿——弹簧夹头，是自动车床中夹住切削对象使其一边旋转一边切削的一个小部件。梅原胜彦的公司叫“A—one精密”，它位于东京西部，2003年在大阪证券交易所上市，上市时连老板在内仅有13个人，但是公司每天平均就有500件订货，拥有着1.3万家国外客户，它的超硬弹簧夹头在日本市场上的占有率高达60%。“A—one精密”一直保持着不低于35%的毛利润，平均毛利润41.5%。

梅原胜彦经营企业这么多年，他一直秉承着一条信念：不做当不了第一的东西。他常说：“豪华的总经理办公室根本不会带来多大的利润，呆坐在豪华办公室里的人没有资格当老总。”有一次，一批人来到“A－one精密”公司参观学习，有位大企业的干部问：“你们是在哪里做成品检验的呢?”他的回答是：“我们根本没有时间做这些。”对方执拗地追问道：“不可能，你们肯定是在哪里做了的，希望能让我看看。”最后发现，很多日本公司真的没有成品检验的流程，就是说，日本对产品的专注精神，已经使他们的产品精确到根本不用检验。

只有专业化，才能打造出精致的产品和服务；只有专业化，才能让各项经营管理工作标准化，标准化了也就意味着经营活动能够以更加集约的方式进行，从而获得更大的利润空间。

方太厨具就是一家把企业做“小”、做“慢”、做“笨”的典型。当年，作为浙江慈溪的龙头企业，方太其实有很多进军房地产等可以大赚快钱的机会。然而，方太坚决抵挡住了此类的诱惑，不为一时的与主业不相关的业务机会所动，坚持发展厨电产品。即使在家电领域，方太也将产品线从家用电器缩小到厨房电器，再进一步缩小到嵌入式厨房电器，砍掉饮水机、电磁炉等非相关产品，围绕着嵌入式厨电产品做精、做细。方太负责人说：“企业不贪大、不贪多，只求专、精、强，走专业化道路，坚持创新路线，做厨房行业里的‘金刚钻’。”

从1996年开始进入抽油烟机开始，在不断缩小自己的业务领域过程中，其产品的市场占有率却在节节地攀升，迄今为止已经占据了高端厨电产品30％以上的市场份额，成为厨电行业的领导品牌。一位曾经在美的厨具事业部任总经理的资深家电专家在看过他们的产品后，也不得不赞叹其质量的优良。

将企业做小做慢做笨，并不是说企业不发展，不去做大做强，真正的目的是，企业在激烈的竞争中，只有专注，才能专业；只有专业化，才能精细化；只有精细化，才能“不可替代”。

当然，企业经营者要想在内部实施“专注”发展策略，要从以下几个方面做起：

1. 对原本繁杂的业务进行细分、简化

要“专注”发展策略，企业主首先要搞清楚企业在诸多业务中，最核心的业务是什么，并将这些业务进行细分，从中挑出在行业中做得比较好的，最富有竞争力的，附加价值比较高的，可以以此作为未来企业发展的核心业务。

比如一家汽车配件生产厂家，平时要生产很多零部件，这些零部件的同一个产品型号又包含许多独特的零部件，这直接造成了产品的高复杂度，但是产品批量会相应地减少，产品规模和效益亦会随之降低。也就是说，身为经营者，你要清楚地知晓在这些零部件中，你最擅长生产哪些零部件，并且此产品在行业中竞争力比较强，附加值比较高，那就可以砍掉其他的产品，专门研发和生产此零部件，并不断创新，做行业中的“精英”。

2. 助推“轻资产”经营

在企业内部助推“轻资产化”经营，就是在简化前端的生产业务后，逐步要将后端的流水线式的生产环节外包出去，企业专门专注于产品的研发，力争在核心技术方面领先。当然，这是一个逐步推进，慢慢实现的过程。这样通过供应链的管理与重组，可以有效地减低库存，缩短生产周期，大大提高竞争力。

3. “专注”性的企业文化建设也极为重要

企业一旦确定了要经营和生产的核心业务，就要树立“十年磨一剑”的精神，长期专注于自身擅长的领域，走“专特优精”

化的发展道路。一方面公司产品要有质量保证；另一方面要求制造公司不断对产品做出改进或开发更新产品，久而久之，公司发展就会步入良性循环，产品也会越做越精，市场反映亦会越来越好。

当然了，要做到这些，在企业内部创建“专注”发展的精神文化理念和向员工灌输“匠人精神”也显得极为重要，它是企业“专注”发展的精神引领者。当然，这种文化氛围的树立非一朝一夕就能建立起来的，而是要靠经营者或管理者一点一滴去灌输和教化的。

## “专注”带来的“专业”：永远无法被复制

“专注”造就的是“专业”，进而带来的则是一种永远无法被复制的“专利”。这是一个人成为一流人才的途径，更是一个公司或企业经久不衰的保证。

在日本有一家只有45个人的小公司，全世界有很多科技水平非常发达的国家都会向这家小公司订购小小的螺母。这家公司叫哈德洛克工业株式会社，他们生产的螺母号称“永不松动”。依常理大家都知道，无论在任何领域，螺母松动是一件极为平常的事情，可对于一些重大的项目，螺母是否松动几乎关系着人的生命安全。比如像高速行驶的列车，长期的与铁轨摩擦，造成的震动非常大，一般的螺母经受不住，很容易松动脱落，那么满载乘客的列车没准会有解体的危险。

而日本的哈德洛克工作创始人若林克彦，当年还只是公司小职员时，在大阪举行的国际工业产品展会上，看到一种防回旋的螺母，他带了一些回去作为样品研究，发现这种螺母是用不锈钢钢丝做卡子来防止松动的，结构复杂价格又高，而且还不能保证绝不会松动。

到底该怎样才能做出永远不会松动的螺母呢？小小的螺母让若林克彦彻夜难眠。他突然在脑中想到了在螺母中增加榫头的办法。想到就干，结果非常成功，他终于做出了永不会松动的螺母。

哈德洛克螺母永不松动，结构却比市面上其他同类螺母复杂得多，成本也高，销售价格更是比其他螺母高了百分之三十，自然，他的螺母不被客户认可。可若林克彦认死理，决不放弃。在公司没有销售额的时候，他兼职去做其他工作来维持公司的运转。

在若林克彦苦苦坚持的时候，日本也有许多铁路公司在苦苦寻觅。若林克彦的哈德洛克螺母获得了一家铁路公司的认可并与之展开合作，随后更多的包括日本最大的铁路公司JR最终也采用了哈德洛克螺母，并且全面用于日本新干线。走到这一步，若林克彦花了二十年。

如今，哈德洛克螺母不仅在日本，甚至已经在全世界得到广泛应用，迄今为止，哈德洛克螺母已被澳大利亚、英国、波兰、中国、韩国的铁路所采用。

哈德洛克的网页上有非常自负的一笔注脚：本公司常年积累的独特的技术和诀窍，对不同的尺寸和材质有不同的对应偏芯量，这是哈德洛克螺母无法被模仿的关键所在。也就是明确告诉模仿者，小小的螺母很不起眼，而且物理结构很容易解剖，但即使把图纸给你，它的加工技术和各种参数配合也并不是一般工人能实现的，只有真正的专家级的工匠才能做到。

这种“永远无法复制”的产业的“专业”性，是一个企业通往卓越的支柱，更是一个社会走向繁荣的重要支撑。

仔细想想，很多圣人之所以成为圣人都是因为他们能够时刻专注于身边的“小事”，能时刻将这种小事做到极致，做到专业水平，他也就成功了。一个企业发展亦是如此，企业主不会急功近利，不着眼于追求远大的理想，只是循序渐进，一步一个脚印，将产品的每一个细节都能做到无可挑剔的完美状态，将服务做到位，建立自己的核心竞争力，才是抗击残酷现实的根本。

一颗米粒上，竟然能摆放下大把大把的塑料齿轮，其中大号的重量为万分之一克，中号的十万分之一克。不要漏看了那些灰尘般的黑点，它们也是齿轮，直径 1.149 毫米，重量仅为百万分之一克。全球仅有一家企业掌握这些塑料齿轮的生产、加工技术。这家企业位于日本爱知县，员工仅 90 人，他们将齿轮越做越小当作毕生奋斗的目标，将全部精力投入到微型齿轮的制造研发中，现在这家作坊已经成为全球最重要的精密零件厂商。大到日本的汽车，小到瑞士的钟表，关键部位都有它的产品。

在日本的琦玉县，一家 14 人的街道工厂造出了一颗黄色的钛制骰子，这颗骰子除了材料稀有之外，看上去平凡无奇。然而这颗骰子却是举世无双、无可复制的。玩过骰子的人都知道，由于每一面的点数不同，骰子的重心往往有所偏差。赌桌上的高手，可以利用这微小的差异，随心所欲控制掷出的点数。眼前这颗钛骰子却杜绝了这一可能性。它的重心稳稳地落在了正六面体的中

**心点，精确程度达到99.999999%。加工这样精致、精确的骰子，凭的是多年以来研究出的精湛的金属切削技术。全球只有这一家企业掌握着这家技术，无人可以复制得了。**

从一个“小小的齿轮”到一个小小的骰子，在很多人眼中，这是不屑一顾的小东西，而日本企业家却将其做到了极致，他们秉承着自己的“专业”梦想，走在了世界科技的最前沿，使企业找到了长久不衰、屹立不倒的根基。这种钉子般的“钻”的精神，是一个社会走向繁荣的支撑，更是一种厚重的民族精神沉淀的精华。

## 一手缩减规模，一手推行精细化管理

企业对自身的规模进行削减和对业务进行精简后，也就意味着，内部工作人员的分工越来细密，越来越密切，这个时候，就要引进“标准化管理”，以对每个员工的行为进行约束，从而提升产品的质量，减少差错的出现。

企业的标准化是以获得企业的最佳生产经营秩序和经济效益为目标，对公司生产经营活动范围内的重复性事物和概念，以制定和实施公司标准，以及贯彻实施相关国家、行业、地方标准等为主要内容的过程。

**广东某集团企业，前期主要致力于家用电器产品制造、大型商场的零售业务，以及房地产开发及经营等业务，面对如此繁杂的业务范围，该企业于2010年对企业进行“瘦身”，全面实施**

“轻资产化”经营。为此，该企业负责人经过深思熟虑后，决定集中精力致力于大型商场的零售业务，将其余的全部产业卖掉。

因为该企业是从大型商场的零售业务起家的，在广东获得良好的发展势头后，才涉足家电制造业与房地产业。所以，随着各方面成本压力的增加，该企业经营者顺应时代要求，又重做老本行，并且重树雄心：要做广东零售商场业的标杆。该企业经营者也深知，在竞争如此激烈的今天，要做好商场零售，就必须要推进标准化管理。为此，在2012年，真正对原有的零售商场进行大幅度地整改，并在企业内部树立起“拒绝急功近利，竭尽全力做力所能及的事”的口号。

2013年上半年，整改后的大型商场正式开始营业。该企业负责人指出，要做好零售，最难的地方不是降价，而是“人性化服务”，正所谓卖商品不如卖体验，让消费者驻足商场能有别致的体验，那就成功了，于是标准化管理必不可少。

的确，该商场引入标准化管理之后，人们驻足该商场，给人最大的感受不是“干净”，而是“一尘不染”！而“一尘不染”背后的故事是所有的员工一旦面前没有顾客都自觉地拿起手边的抹布擦擦擦！不仅是柜台，包括每一件商品、每个包装箱都被一遍一遍地擦过，保证每一个角落每一件商品顾客手碰过或拿在手上都一尘不染！为保证清洁卫生，该商场的清洁工就多达500多名包干到片，到该商场工作的员工，其守则中最为重要的一条就是清洁……

在角落里的每一个垃圾桶，都清洁得一尘不染，而且里面的垃圾从未满过，不到一半就会被清走，呈现给消费者永远是一个仿佛未用过的垃圾桶！

在本商场，你可以看到一种现象，那就是清洁工不停地会用木屑清洁地板，会用扇子扇干，保证无水渍残留。在熟食区，无论是切食物用的菜刀，还是砧板都看上去干净十足。在海鲜区的地板和水槽区竟然没有一滴水渍。

在服务观察方面，该购物商场全面地实施“工匠精神”，他们的原意就是将商场打造成“商品的卢浮宫”这一愿景。所以，公司内部要求员工要对自己负责的商品研究透彻，可以将商品的特性向顾客娓娓道来，并保证随时能够从容地回答顾客关于商品的种种疑问，这种态度称之为“工匠精神”。在该商场你可以随时看到类似于这样的场景：一位顾客在电器城内的热水器前驻足约 5 秒钟后，有一位服务员主动迎入接待，从该热水器的品牌来源到热水器的分类等等说得头头是道。她回答的只是她知道的一点点而已，如果顾客有兴趣，她还会讲更多。

“卖产品，不如卖体验”，这是该商场的精神理念。该商场鼓励营业员自发学习，不断研究自己的商品，对自己的商品知识如数家珍。当然，这都是要列入员工的考核体系中的。

在生活广场四楼优秀员工荣誉墙上面，每一位员工的介绍词都写得十分感性，但下面都会附上这位榜样的绩效明细以及她对细节的卓越追求。100 分的成绩考核项中，“商品基础知识”与“专业知识讲解”足足占了整整 35 分！而绩效考核与星级评定挂钩，星级评定又与工资和年终奖挂钩。商场中有一名三星级员工叫刘兰，她只是四楼洗手间的一个小小的保洁员，但他却被评为三星员工，年终拿到了 10 万元的奖金。所以星级是该商场所有员工努力达到的目标，而细致的绩效管理让员工在各个方面都需要达到卓越，因为这能造就所有员工的“工匠精神”！

在该商场的美食广场区，顾客不用担心有美味佳肴后面的“脏、乱、差”现象，因为后厨会通过电视屏幕直接将食物的操作过程呈现在顾客眼前，每一个细节都保持干净、卫生，而且让顾客主动抽取和验证食材的新鲜度，让每位顾客都吃得放心、安心。

在商场的水果大卖区，你会发现该商场的香蕉都是一个颜色：成熟的黄色！并且在货物架旁边还配有色卡，告诉顾客，只有黄色才具备最佳口感。而胖东来就执着于只上市的黄色的香蕉，没有不成熟的绿色，更没有过熟的黑色。

另外，在药品区，该区域还配有诸多的冰柜，将某些药放置其中，使之保质不影响药效，这种细节做得着实令人感动。

驻足于该商场，你可以随时看到空置区有供人休息的板凳，每个板凳区还设置儿童专座，并且在座位的桌前还贴上了时下最流行的动画片的卡通图片，让宝宝可以安心坐着，不觉得无聊。并且还在成人区，设有免费WIFI，各类杂志、书籍，让人没事都想到那里走走。可以说，该商场每处的细节都做得极为到位，将“人性化”可谓做到了极致。实际上，该购物场的商品价格比同类的购物商场价格高出15%之多，但每天却总是人气满满，多数人在这里除了购物，更多的是想在如此干净的环境中体验愉悦、惬意和休闲，这便是此购物场所所真正追求的。

自实施标准化与精细化管理以来，该购物广场的营业额每年都以翻倍的速度增长，利润增长率也是大多数同类购物商场所无法企及的。

该购物广场实施的是管理标准化和操作标准化，使企业走向了良性的循环。对于服务型行业来说，实施标准化管理是稳定企业服务质量的重要保证，有利于提升服务口碑，营造良好的宣传效应，进而提升企业的“服务附加值”，从根本上增加利润。

我们知道，对很多制造业来说，企业缩减规模是为了能够更好地实现专业化，而标准化的一个重要内容就是简化品种、规划品种系列，实现零部件通用互换，这是专业化生产的前提和基础。同时，标准化又是稳定和提高产品质量的重要保证。

对于企业产品来说，产品质量问题在一定意义上来说是产品标准问题，没有先进的质量标准就不可能有高质量的产品。由此可知，标准化管理不仅需要对产品的性能做出一系列的规定，还需要对产品的原材料、加工工艺、检验直至包装、运输和售后服务都做出明确的规定，这样才能够有效保证企业所生产的产品稳定在一个适当的水平，同时又能促进产品质量的提高。

标准化既是社会生产发展的产物，同时又是推动社会生产发展的手段和方法。标准化应用于科学研究，可以避免在研究上的重复劳动；应用于产品设计上，可以缩短设计的周期；应用于生产方面，可以使生产在科学的和有秩序的基础上进行；应用于管理上，可以促进统一、协调、高效率等。当企业推行“轻资产化”的运营方式后，标准化是连接企业科研、生产、使用三者之间的重要纽带。一项科研成果，一旦纳入相应的标准，就能得到迅速的推广和应用。因此，标准化可使新技术和新科研成果得到推广和应用，从而促进技术的进步。

从营销层面来讲，从前期策划到产品销售最后到产品的售后服务等这一系列活动，进行标准化，可以使企业营销模式达到最优化。这种标准化的营销模式，可操作性强，且更为快速、有效。通过标准化的营销程序与标准化的营销管理，在企业内部建立标准化的营销体系，对营销各方面进行深入细致研究的基础上，并借鉴优秀企业和优秀营销人员的“经验”与“教训”，使营销标准化。它的最大优点就是避免营销人员反复“交学费”，避免由于营销人员个人经验、能力、悟性等不足而可能给企业造成损失。

总之，对企业进行标准化管理，是推进“轻资产化”和“专业化”前期必须要做的一门功课。

## “轻资产化”的扩张之路：品牌运营是关键

企业实现“轻资产化”经营，其产品附加值、利润、品牌口碑等都会上一个台阶。当企业发展到一定阶段，积累了一定的实力，形成一定的优势，比如企业积累了一定的资金、人才、技术、管理经验后，便为扩张之路提供了可能。

我们知道，企业轻资产运营的基础是：核心能力。轻资产运营的利器，便是品牌。也就是说，对于轻资产型企业来讲，品牌是企业核心竞争力的集中体现，是最有价值的轻资产。所以，大多数成功的轻资产化企业的扩张，实际上都是品牌引领的轻资产扩张。这里的品牌不仅是形态上的无形资产，而且是簿记中的零资产：它不出现在公司的资产负债表上，最多出现在并购公司的商誉中。我们熟知的方式有：

1. 以品牌等无形资产出资与他人组建合资公司，扩大品牌的市场占有并驾驭他人资产如可口可乐在全球的上千家罐装厂都是这样组建起来的，迪斯尼在全球的多家主题公园也是采取的与此基本相同的投资方式。

2. 贴牌生产、委托加工

不论是当今全球流行的OEM、ODM还是OBM，都是品牌商家委托生产厂家为之生产或“代工”。不仅主导权绝对在品牌商家，而且利润大头也自然归它。这就是品牌引领型的轻资产运营的魅力之所在。

“希尔顿”品牌是由希尔顿国际和希尔顿饭店公司共同使用的一个品牌。其品牌创建于20世纪20年代，其凭借优良的内部管理，为自己赢得了良好的口碑。随后，希尔顿的发展模式经历了自建模式、管理合同、特许经营等几个阶段。20世纪50年代以来，希尔顿一直延续自建模式，集团发展速度较慢，丧失了发展机遇。

自20世纪60年代，希尔顿开始了大肆的全球扩张之路。首先，他通过细分目标市场，提供多样化的产品，采用高标准的服务质量监控；严格地控制成本费用，以人为本的员工管理战略，积极全面地开展市场营销活动，利用新技术等方式，使他的品牌影响力在全球得以迅速提升。

随后，希尔顿开始实施“特许经营”，集团逐步开始甩掉其旗下的酒店的地产业务等重资产，并将其转变为房地产投资信托基金。也就是说，他们的扩张业务不投资开发酒店楼盘，只负责品牌、管理和服务输出等“轻资产”经营模式。这种经营模式在中国的投资和扩张取得了令人瞩目的成绩。

在市场经济不断发展的今天，品牌代表着企业拥有的市场，在一定程度上也代表着企业的实力。当然，对一个企业来说，品牌是需要培养，需要耐心、勇气、财力、物力等多方面的长时间的投入的。如何对现有的品牌进行开发和利用，更好地发挥品牌的作用，是“轻资产化”运营和扩张不可或缺的课题。而实际上利用品牌资源实施品牌扩张，已成为企业发展的核心战略，也是企业界常用的对名牌进行开发利用的策略。众多企业正是因为成功地运用了品牌扩张策略才取得了市场竞争的优势地位。从已有的实践来看，品牌扩张对企业的意义主要体现在：

1. 优化资源分配，充分利用品牌资源

经济学讲究资源的合理配置，企业只有合理配置各种资源，使其充分发挥作用才能使企业走向良性发展道路，品牌是企业重要的资源，企业在发展品牌战略中可能会出现这样那样的问题，比如，品牌资源闲置等，遇到这样的情况，品牌扩张战略正好可以促进资源合理利用，增强企业实力。比如，针对品牌资源闲置，可以搞对外扩张，特许经营，品牌延伸等，从而达到有效、充分利用企业品牌资源的目的。世界著名的时装品牌如香奈尔、范思哲、阿玛尼等，具有极高的知名度、美誉度、信任度和追随度，若他们只在服装领域里开拓，而不进入相关产品领域，则消费者对其的忠诚、赞誉便会无形中损失掉，这些是企业宝贵的品牌资源。

2. 借助品牌忠诚，减少新品“入市”成本

据心理学对消费者的研究，消费者往往具有某种忠诚的心理，即在购买商品时，多次表现出对某一品牌的偏向性行为反应。这种忠诚心理，为该品牌新产品上市扫清心理障碍，并提供了稳定的消费者群体，从而保证了该品牌产品的基本市场占有

率。因此，当企业进行品牌扩张，对新产品以同一品牌投放市场时，就可以利用消费者对该品牌已有的知名度、美誉度、信任度及忠诚心理，以最少的广告、公共、营业促销等方面的投入，迅速进入市场，提高新产品的开发，上市场的成功度。品牌扩张常利用已有品牌及产品的美誉度、知名度、追随度来提携新产品，为新产品上市服务。青岛海尔集团在空调、冰箱行业具有相当的竞争优势，并建立了“海尔”的知名度、美誉度、信任度和追随度。近几年来海尔又开发出彩电、空调、计算机、手机等新产品，借助“海尔”的知名度、美誉度和信任度，迅速打开市场，得到了消费者的认可，成为这些行业的后起之秀。而长虹、海信集团也把空调行业作为品牌扩张的新领域，TCL、康佳等则把品牌扩张到手机领域。在这些新领域的扩张，使它们利用了原有品牌的优势，减少了扩张的成本和失败的可能性。

3. 提高市场占有率

品牌扩张能给品牌以新鲜感，使其更丰富，从而提高市场占有率。

品牌内容一成不变，长此以往会使消费者生厌而移情别恋，品牌扩张能使品牌概念不断增加新的内涵，让消费者感到这一品牌在不断发展、不断创新，从而紧紧抓住消费者，牢牢占领市场。品牌的扩张更为目标市场扩大了领域，为消费者提供了更多的选择对象，增强了品牌的竞争力。品牌扩张能使品牌群体更加丰富，对消费者的吸引力更大。小天鹅集团是波轮式洗衣机的国内“老大”，为了进一步占领国内洗衣机市场，该集团积极地进行着品牌扩张，一方面，与武汉荷花洗衣机厂实行强弱合作，输出商标、品牌、管理和市场营销网络，定牌生产双缸洗衣机；另一方面，选择了西门子，惠尔浦、梅洛尼3家国际知名企业，定牌生产滚筒式洗衣机。此举一出，使“小天鹅”自由翱翔于各种型号的洗衣机领域，多年来市场综合占有率一直名列国内同行前茅。小天鹅集团的品牌扩张使其品牌产品更丰富，品牌内涵更新鲜、丰满，从而也使其市场占有率得到了进一步提高。

4. 增强企业实力，实现收益最大化

规模经济可以实现企业运营的最低成本，从而使企业低成本扩张，扩大生产能力，增强企业实力，实现收益最大化。品牌扩张在一定程度上使企业规模扩大，充分利用闲置资源，合理进行闲置配置，从而实现“规模效益”。同时企业在品牌扩张中，实现了多条腿走路，企业在多个方面发展，降低了单一经营带来的风险，抵御外界变动的能力也增强，从而使企业实力得到了增强。品牌扩张也就是在某种程度上发挥核心产品、品牌的形象价值，充分利用品牌资源，提高品牌的整体投资效益，使得企业产销达到理想的规模，实现收益的最大化。上海恒源祥公司利用老字号品牌的丰富资源，几年来先后与30多家绒线生产企业结成“战略联盟”，“联盟”内部实行专业分工生产，统一品牌销售，从而使得资源分配得到了最大程度的优化。企业在这一过程中集合了多种社会资源，形成了集约生产，增强了企业实力，也使企业和收益达到了相应的最大化，恒源祥公司由此被国际羊毛局认定为“全世界最大生产和经销全羊毛和混纺毛线的企业”。

总之，品牌扩张是企业发展的重要手段选择，如果运用得当，会大幅度提高产品及企业的实力和竞争力，并扩大企业效益。品牌扩张可以带来利润、市场占有率、市场竞争力、市场亲和力、企业效益等多方面内容的提升，已成为企业发展战略的核心内容。

品牌扩张可以给企业带来巨大效益，但也伴随着巨大的风险，品牌扩张应在一定的科学思想指导下进行，以减少或避免品牌扩张对企业的风险。品牌扩张应运用一定的技巧以增加成功的可能性。

# 第四章

# 员工工作从被动到主动：公司内部员工创客化

在一个企业中，价值的来源主要是员工，要想从根本上增加价值、创造利润，如何挖掘员工的潜力和价值是最为关键的。新经济形式下，通过价值衡量去启动公司内部的创造能力，提高员工的工作积极性，通过有效的薪酬和激励制度，将公司内部的价值创造进行核算，并且落实到人。同时懂得尊重员工，让员工在企业平台上以主人公的姿态去工作，人人都是自己的 CEO，那么，这样的公司是无往而不胜的。

## 欲提升效益，先转变观念：员工是企业的核心力量

几十年前，一位创业者的公司员工人数仅有28名，每年产生的营业额为1000万元，利润约为360万元，那一年，那位创业者狠狠地大赚了一笔；5年后，该创业者扩大生产，员工的人数超过100名，在那一年，公司的营业额一度达到了1个亿，但利润却仅有100万元；后来，这位创业者面对员工人数的激增，在缺乏管理者的处境下，独自奔波周旋于产品开发、生产和销售的各个环节。然而好景不长，混乱的经营模式最终导致这家企业濒临破产，利润几乎没有。这种现象给这位创业者以极深的启示：对于一个企业来说，生意好、营业额的增加，很多时候并不一定意味着公司内部经济效益的提高。在这样的处境下，这位创业者“突发奇想”：既然一个人能够管理30名员工，那何不将公司分成若干个小集体呢？让各个小组自负盈亏，独立核算利润。采用这样的经营理念，这家企业在100人的规模下，第一年便获得了1500万元的利润，每人创造的利润效益达150万元。

以上这位企业家的经历说明，企业营业额与利润的增加，很多时候并不一定意味着内部经济效益的提高。因为只有在成本一定的情况下，获得更多的利润才是经济效益的提高。对于企业而言，要提升经济效益，必须要提高单个人的劳动生产率。要提升单个人的劳动生产率，其决定因素就在员工身上，为此，身为上层管理者，如何通过有效的管理方式，去激发员工的积极性和创

造性，是一个令人头痛的难题。

当然，要激发员工的工作积极性和创造性，身为经营者或管理者，首先要重视员工，别总以一种高高在上的“皇帝”心态去对待他们。

现实中，很多民营企业，尤其是中小企业，很是热衷于给员工找来培训机构，大讲“员工要以企业为家，要学会感恩，忠诚企业，回报企业”等。一味地幻想着将员工培训成一群只会听话干活，不求回报的免费义工，但这只是他们一厢情愿，也许在第一次通过精心设计课程，通过煽情等方法让员工痛哭流涕，让员工觉得对不起企业这个衣食父母，没有尽到应有的责任，要努力工作报答企业主的恩情。

但这种状态持续不了两天，就会回到原来的状态，当他们在那乌烟瘴气的环境中工作，得不到应有的劳动保护时，拿着微不足道靠计件获得的收入，被老板呼来喝去任意罚款时，他们可能对企业忠诚吗？可能把企业利益放在首位吗？

德鲁克告诉我们，身为员工，“他要求能够通过工作，在职位上发挥所长，建立自己的地位；他要求企业履行社会对个人的承诺——通过公平的升迁机会，实现社会正义；他要求从事有意义的严肃工作。此外，员工对企业最重要的要求还包括：建立高绩效标准、具备组织和管理工作的强大能力，以及能明确表达对于良好工作表现的关注”。如果企业不能尊重员工的诉求，又怎能指望员工来尊重企业呢？

所以，身为管理者，须要谨记德鲁克的教诲：企业绝对不能变成“福利公司”，企图包办个人生活的所有领域，无论就个人对企业的要求或企业提供的满足而言，企业的角色都必须要局限在社会的基本机构上面。要求员工对企业绝对的忠诚，就好似企业承诺对员工负起百分之百的责任一般，都是不对的。

要懂得，留住员工要比不断地去招收员工获益更多。了解了这一点，还要努力去提升他们的收入和报酬，同时要为他们提供优越的福利，尤其是医疗、教育、住房等涉及他们基本生存和发展的物品和服务，可以增加员工对公司的归属感和稳定感。除此之外，你还需要尽力做到以下几点：

1. 以公平、公正、公开的原则，完善激励机制

公平、公正是人人都渴望得到的对待，也只有这样员工才可能心甘情愿地拼命工作。企业领导者需要公平、公正的判断是非对错。而公开也十分重要，例如经营报表，大多企业是不愿意将自己的经营报表公开给员工看的，因而员工自己做了什么，有什么结果，自己都不清楚。阿米巴经营报表，不仅简单易懂，更是公开给员工看，员工由此可看到自己的努力，也感受到公司的诚意，因此公开是非常重要的。此外，完善的激励机制，对员工意识的转变有最直接、最有效的作用。

2. 提高员工的福利待遇

在企业中，员工通过工作获得收入，这些收入首先可以满足他的生理需求与生存需求，所以，福利待遇是员工最为关心的问题。如果公司的福利待遇水平高于同行业的平均水平，则员工就有保住这份工作的需求。为了满足这个需求，员工就会有服从公司制度的动机和行动，提高员工的公平感与对公司的满意度。

3. 满足员工个人发展

在满足员工的生理需求和安全需要之后，员工的自我实现需求就会越来越明显。这个时候提高福利待遇的激励效果就会不明

显，公司应该根据实际情况制定一些能够满足个人发展的政策，来满足员工自我发展的需求。如果员工能在公司实现自我价值，就会关心公司未来的发展，因为公司的前途已经与个人的前途联系起来，从而提高员工对公司的责任感。

4. 让员工觉得受重视

一个优秀的经营者总是能够适时地与员工进行互动，通过沟通、学习、鼓励的方式让他们知道自己在老板眼中的分量，从而激发他们的自我满足感和自豪感。

比如，在工作中，你可以这样说：

“小程，你今天的发现很及时，很重要，使我们的计划更加完善，不然的话，后果可就比较严重了。”

“小周，这件事情我看是非你莫属了，我相信你能出色地完成任务。”

一句简简单单的话，便能向下属传达这样一个信号：“在我眼中，你就是我的左膀右臂。”这也从另一个角度肯定了他们的价值，能给他们强劲的动力，让他们意识到自己到底有多重要。

## 让员工参股：人人都可成为合伙人

华为没有上市，而是选择将98.6%的股权开放给员工，创办人任正非只拥有公司1.4%的股权。除了不能表决、出售、拥有股票外，股东可以享受分红与股票增值的利润。并且，每个所赚取的净利，几乎是百分之百分配给股东。万科总裁郁亮也说：

“职业经理人制度已死，事业合伙人制度是必然趋势！”在新经济体下，企业间悄然兴起的“合伙人”制，是管理方面的一次大的突破，主要是为了保证公司团队中的员工能够进行自我设计、自我激励和自我驱动。

阿里巴巴对自己的合伙人有着这样的要求：“在阿里巴巴工作5年以上，具备优秀的领导能力，高度认同公司文化，并且对公司发展有积极的贡献，愿意为公司文化和使命传承竭尽全力。”针对这一点，马云说：“大部分公司在失去创始人文化后，会迅速衰落蜕变成一家平庸的商业公司。我们希望阿里巴巴能走得更远。下一轮竞争，不是人才竞争，而是合伙人制度的竞争！”

北京一家广告公司于2006年成立，经过10年迅猛的发展停滞不前，为此，该公司的老板便学着将合伙人制度引进。

经过层层考核，该公司于2016年引入五位合伙人，而且这些合伙人都从公司内部产生，两名来自策划团队，其余三名来自营销部门。刘展是这次晋升的五个合伙人之一，2008年他大学还未毕业，他就来到该广告公司实习，后来留在该公司做策划。从实习生到策划人，再到策划主管，他为公司策划出了几个经典的广告，受到业内人士的一致好评，也使公司的知名度在行业内得到了大幅度的提升，自此之后，公司的订单源源不断地进来。在老板看来，刘展的经历就是他心目中典型的合伙人成长路线。他认为，要成为公司的合伙人，必须满足以下五个条件：

（1）在公司工作满五年，在自己领域内，能快速做到行业第一的要维持三年时间。

（2）和公司价值观一致，勤奋、真诚。

（3）为公司作出过突出贡献。

（4）在自己的领域里，做到行业顶尖人物。

（5）能带领团队。

在老板看来，对一个广告人来说，其业绩在5年中一直增长，最后稳定在行业极高的水平，这是成为合伙人的一个硬性条件。这样的人需要带领自己的团队，作为奖励，合伙人可以获得公司的期权以及利润分红。就广告业本身来讲，人才是第一位的。作为公司合伙人，行业地位和收入会明显地超过同行的其他人，所以会成为吸引人才非常重要的手段。

在老板对公司未来的规划中，公司还要从内部选出100个人成为合伙人，分属于不同的部门，这样才能让公司员工个个都充满活力，那公司也不怕不能做强。

在一个企业中，要想让员工有自我驱动力，关键看老板采取怎样的激励制度。合伙人制，可以让每个员工都充满活力和激情，最大可能地发挥自我价值。

对于一个企业来说，人才是最重要的资本。一个企业从零开始，到后来做大做强，做到上市，都要靠人才的不断推动。所以从一定意义上讲，引进事业合伙人制，就是要员工自己掌控自己的命运，要在企业同部形成背靠背的信任，要将一个企业做强，最重要的是要懂得利益分享。

不可否认，创业是一场马拉松式的接力赛，是一个长期、艰苦的过程，没有七八年达不到目标，同时又要求你必须以百米冲刺的速度去竞争。这一切都需要优秀的创业团队来执行，一往无前，改变世界的精神不变，捆绑个人利益与公司利益的激励机制永在。

在新的经济形式下，从职业经理人到事业合伙人的转变，其间多了一样东西，如果说职业经理人是共创和共享的话，那么事业合伙人则要求：共创、共担、共享。也就是说，如果你创造了价值，当然可以分享创造价值的成果；如果你损毁了价值，则需要承担相应的责任。所以，对于现在的企业管理来讲，在团队管理中要推行共创、共享发展为共创、共担、共享。

当然，要在企业实施合伙人制度，身为管理者，一定要注意以下几点：

1. 考虑你的公司是否适合引进合伙人制度

一般来讲，员工导向型企业比较适合引进合伙人制度。所谓的员工导向型企业是指，企业完全是由人组成的，员工就是企业最大的资产，离开了员工，企业就没有任何价值。比如会计师事务所、律师事务所、咨询公司、投资公司等，这些公司都是以员工为导向型的，越是高级的员工，其对企业的价值便越大；只要你能够为企业带来利益，你就会升职很快，最终成为企业的合伙人，变成企业的股东，与其他合伙人一起管理企业，分享企业创造的利润。认识到了这一点，你就要考虑你的企业引进合伙人制度的必要性，进而作出分析和实施。

2. 合伙人要有极强的学习能力

找合伙人，当然要找最优秀、最会学习的人，这样的人能够利用自身的价值，让公司迅速增值。同时，这样的人始终会有着极好的创意，不断进行自我驱动和自我设计，能随着时间的推移为公司创造利润。

3. 合伙人要有着开放、包容的心态

企业一旦选定某个人作为合伙人，也就意味着，这位员工正式迈入了管理阶层，要带领团队与大伙一起努力创造利润，于是，其开放、包容的心态就显得极为重要。否则，一个心胸狭窄之人，也很难服众，更难以带好一个团队的。

总之，合伙人不仅要具备自我设计的能力，还要具备能自我激励、自我驱动的能力。另外，除了业务做得好外，还要具有管理才能，这样才能让其价值得到最大的发挥。

## 员工“创客化”：让每个员工成为自己的 CEO

将企业员工分成无数个小组，让每个小组都作为一个独立的利润中心，按照一个小企业、小商店的方式进行独立经营与核算，让员工从自己创造的价值中分享利润，这是当下诸多企业实行的经营模式。比如，海尔、格力、华为、美的、中兴、阿里巴巴、腾讯……一大批企业都在实施内部员工自主经营的模式，这叫作员工“创客化”。

所谓的员工创客化，即指人是目的而非工具。德国的哲学家康德说，无论在任何时候，都不能把自己和他人当作工具。现代管理学之父德鲁克曾说，21 世纪让每个人成为自己的 CEO。这可以最大限度地挖掘出员工的价值来，让每个人都将自己的价值充分发挥出来。张瑞敏举例说，一个鸡蛋从外面打破，一定是人类的食物，从里面打破一定是新生命的诞生，我们的任务是让每一个员工都能够孵化出来，都能够破壳而出。

一位大型超市的负责人在一次进店调研中发现：当一名一线员工每个月只有 2000 多元的收入时，他们可能刚刚满足温饱，每天上班也是“当一天和尚撞一天钟”而已。他们工作处于散漫消极的状态，反正卖多少、超市损失多少果蔬都和他们没有关系。但是，生鲜果蔬通常摆放在顾客进入超市最显眼的地方，是超市的“门面”，试想，顾客走到果蔬台前，发现大部分都开始发黑了，他们还有心情买吗？还有心情继续逛超市么？更何况，这还会影响到超市的信誉。

这位负责人心想，如果通过传统的加薪激励方式，该超市是全国连锁，在全国有6万多名员工，每人每月增加100元的收入，那该商超公司一年就要付出7200多万元的薪水，这也意味着，大约10%的净利润就没有了，因为超市本身毛利率就极低，这样一来，公司的正常运营便会受到影响。况且，100元对于员工的激励是极小的，效果更是短暂。有没有一种方法既能节约成本，又能提高超市营运能力呢？该负责人在经营中摸索与探讨，得出结论：调动员工积极性，不能光靠加薪，必须将企业业绩跟个人建立起一种“直接关系”！

为此，该负责人将超市的人员进行划分小组，每个小组负责经营一个区域，由企业和员工进行利益分成。在分成比例方面，都是通过人性化沟通，实施过程中尊重员工讨论结果，五五开、四六开，甚至三七开都可以。这样一来，员工会发现自己的收入和所在部门的收入是挂钩的，只有自己不断“开源”，才能得到更多的回报。同时，超市经营以纯利润比例来分成，那么员工会自主避免不必要的成本浪费，以果蔬为例，员工至少在码放时就会轻拿轻放，严格遵循保鲜程序，这样一来是节省成本和保持优质的服务的最佳方法，即所谓的“节流”。经过一个季度的实施后，整个超市果蔬部分从原来30%的损耗率降到4%左右。超市负责人在打造团队自动自发的精神中，基员工“主人翁”的心态也被激发出来了。

该超市不仅改变经营模式，捆绑公司与员工的利益，还确立与市场直接挂钩的部门核算制度，同时下放经营权、股权激励员工。这样一来，超市内部再小的经营团队，一旦被委以经营权，也会散发出无限的潜能。如此一来，员工的被动立场即刻转变为老板的主动立场，变成以创造盈利来支付成员报酬的立场，这种立场的转变也为企业培养一大批自主经营的领导人才。

员工“创客化”的经营模式实行一段时间后，超市的业绩便有了明显的提升。据统计，该超市就单一个店面，其单月的业绩增长就达到了14%，毛利超额30%。如今，该超市离职率约从8%降至4%，商品的损耗率基本维持在4%左右，上货率、更新率大为增加，商品质量、服务质量均有提升。整整一年来，该超市总公司的利润率从2%提升至5%，这在整个行业利润率约为1%的困局之下，几乎可以领跑整个行业。

从长远来看，企业内部实施员工“创客化”，对企业的影响是受益无穷的，让企业一个个单独的个体连接起来，打造一个命运共同体，实现员工物质与精神两方面幸福的同时，实现“经费最小化，销售最大化，效率最快化”，促进企业持续高速腾飞。

员工创客化，实质上指，给员工一个创业平台，让员工当老板。

对于员工来说，如果能够不出资就能成为老板，拥有自己的事业，那无异于“天上掉馅饼”。基于这一点，公司完全可以在充分激发团队所有员工的积极性和创造力的基础上，培养锻炼有能力、敢担当的员工成为公司的动态合伙人。由公司提供品牌资源及品牌建设平台，合伙人 0 元投入，只需要出智慧、人力，开拓更多更大的市场。这也能够真正地给员工提供一个可持续、无风险、高收益、兵团作战的创业平台，满足员工当老板赚钱的梦想。有了这样的好事，哪个员工不拼尽全力去努力创造价值呢?

雷军说，在互联网时代，企业赚多少钱都是透明的，所以企业必须建立透明的利益分享机制，基于每个人的能力跟贡献分享利益，这是未来企业经营的主流模式。海尔张瑞敏说，员工创客化是颠覆转型的路径，将所有员工颠覆成一个动态合伙人制，从原来的雇佣者、执行者，变成创业者、合伙人。原来是被动的，现在是主动的，在动态的合伙人制度下，如果干得好，员工所拥有的股份可以保留甚至扩大，也就是说，每个员工都是自己的CEO，最后达到“自我创业、自我组织、自我驱动”的目的。

## 员工薪酬来源，是最核心的改革

企业内部实施员工“创客化”，让每个员工从原来的“被雇佣者”变成企业的动态合伙人，这其中最为核心的问题，就是要改变员工的薪酬来源。原来员工的薪酬都由企业统一发放，对于表现好的员工给予适当的奖励。但是，员工“创客化”后，企业内部则要发生颠覆性的改变。

第一，企业完全变成了平台。这个时候，企业已经不是通过“雇佣员工”来创造价值的机构，而是供员工创业资源的平台。企业提供资源、渠道等，员工可以自己组建团队来进行创业。

第二，企业科层机构压扁，即组织结构扁平化。就像海尔公司，为了节省资源，将中间的一万多人的管理层给“砍”掉了。

对此，海尔总裁张瑞敏说，要适应新经济形式，企业必须要做到去“两化”：第一，“去中心化”，即指企业没有中心。原来的企业有很多中心，所有的领导都是中心，每个员工都有他的上级，甚至很多上级，很多中心。这造成了人力资源的浪费，大大地增加了成本；第二，去“中介化”。过去企业有一千多人专门评价内部员工做得怎么样，现在完全不需要了，要将这些机构人员裁掉。为什么不需要？就是让客户直接评价。比如我们的物流，给用户承诺按约送达，超时免单，七点送，七点五分送到，超过七点所有送的货不要钱。这个就无须再用专门的人去了解用户对员工的评价，交由用户直接评价就是了。去“两化”之后，企业内部发生了怎样的变化呢？原来企业有很多很多层次，现在则变成了三种人。这三种人互相不是领导与被领导的关系，而是创业范围不同的关系。第一种人叫作平台主。所谓的平台主就是你本来管了很多很多的工厂，很多很多的车间，但是你现在是一个平台，你不再去管理这些车间，而是给创业团队提供平台支持。第二种人，即叫小微主，小微主是什么，即为一个创业团队。第三种人，就是普通员工，要变成创客，也就是说，企业中的每个人都是创业者。

第三，员工的薪酬来源，从他们自身创造的价值中来。

张瑞敏说，从前，每个员工都是雇佣者、执行者，传统企业薪酬就是岗位付薪，虽然有很多考核，但是哪个岗位就有多少薪酬。现在我们内部叫它“断奶”，不再给员工薪酬，你需要从创造用户的价值中得到，得不到就自动离开。结果有一些小团队没有挣到钱，没有创造用户价值，他们的“平台主”就要判断他们到底行不行：不行，就要离开，让另外的团队来做；如果行，那这段时间的工资就由“平台主”来开。这便是企业内部的公平、公正得到了彰显，使每个员工的价值、能力得到最大限度的发挥。

海尔在内部实施“用户付薪”，截至2015年8月，包括平台主在内的20多个人共同出资500万投入水平台，其中平台主出资100万，这样的员工真正成为了公司的合伙人、股东，更好地推动公司实现“用户付薪”。

对此，张瑞敏称：“每个员工由雇佣制变成创客后，创客需要跟投创业，有风投来投资，你要跟着投资，这样就绑在一起了，最后达到共赢的目的。”

2015年，海尔实行孵化的“快递顺”项目就是一个很好的例子，他们与风投签订了一个3年市场目标的对赌协议，如果完成不了，前期跟投的900万元将赔给风投。对于这个项目，张瑞敏透露：“合伙人不是不管我干得好不好都拥有股份，如果干得好股份可以保留甚至扩大，如果没有能力再往前推进，就要把钱退给你，这和股市上买股票是一样的。”

在海尔创造的小微团队中有的团队可以增长，有的团队不能增长，如果实现100％增长将会在海尔内部加快复制。目前，海尔小微团队不仅孵化出了免清洗洗衣机、雷神游戏本、智能烤箱、手持洗衣机等家电产品，还覆盖了物流、金融等领域。

由此可见，要想顺利实现内部“断奶”，让员工的薪酬从其创造的用户价值中得到，可以最大限度地提升员工的积极性和创造性，同时还可以凝聚人心，提升企业的向心力，让全员参与，将企业做强。

当然，员工“创客化”后，要想让员工获得最大的利益，经营者或管理者，需要做以下的努力：

1. 公司对员工进行培训

让员工在企业内部进行自主创业，决定其成败的就是员工的素质。企业除了给员工以资金、渠道支持外，还要将精力放在去培养他们，定期地对他们进行专业知识和操作方面的培训，让他们在不断学习中提升自身的专业素质，这样才能让他们在增值中，创造价值。

另外，对员工进行培训为他们建立学习型组织提供了保障，使企业时刻有新的血液的注入。这样可以让员工永不满足地提高产品和服务质量，通过不断学习和创新来提高效率。企业可以为员工建立学习型组织，就要建立一个能够充分激发员工活力的人才培训机构，成功的培训将是企业获得效益，员工获得收益的不竭源泉。

2. 先破后立，鼓励员工从细微处进行创新

员工在企业内部实施自主创业，其创新能力就显得极为重要。如何让员工创新，将他们的想法付诸行动，企业就要给予引导。正所谓，不破不立，创新的前提是尊重传统，很多时候的创新并不见得要大刀阔斧，往往一个细微改变就能化腐朽为神奇。因此，管理者要常常鼓励员工进行微创新，这样才能在枯燥繁杂的日常工作中，创造出在“细微处开出花儿来的小奇迹”。也就是说，当公司真正从细微处着手，慢慢积累创新经验时，最终就会从量变跃进到质变。

我们处于一个“大众创业、万众创新”的时代里。但是，大

凡谈到改革和创新，在很多人的脑海和下意识里出现的都是一些“高大上”的改革措施、高新技术、创新项目等，很多时候，往往会忽视哪怕是微小的创新，这是一种真正意义上的创新，其对公司发展的推动作用，以及在工作中推广应用的效果不可忽视。所以，企业要鼓励员工进行“微创新”，以其让小投入产出“大利润”来。

## 决策机制：由上而下变为自下而上

员工“创客化”后，企业内部的决策机制也要打破。原有的企业决策者一般集中在经营者或高层管理者等少数人的手中，企业家往往把企业当成个人的，其所有权、控制权和决策权都控制在自己手中，这种集权制抑制了员工的创新性，无法激发基层员工和企业组织的活力。员工无法参与决策，“人”依然是企业的工具，他们都依附于货币资本。对此，管理大师哈默在《等级制度的隐性成本》一文中指出：“真正导致员工敬业度低下的是集权造成的压抑。大多数公司都是由领导往下逐级授权，普通员工没有决策权。”因为经营者价值优先，价值最大化，这种经营模式无法很好地调动人的积极性，最大限度地激发人的潜能。企业的整体运营也会僵硬化，缺乏灵活性和改革性。而当员工成为企业的动态“合伙人”后，就要打破原来固有的权威体系。既然员工成为企业的“创业者”或“合伙人”，那就要将决策权全权下放给员工。对此，张瑞敏提出“让渡”权利，不是完全授权。而是从过去的股东价值优先，走向了员工价值优先。人人成为价值创造的中心，人人能参与企业的决策，每个员工都是一个决策者，参与治理，实现共治，才能达到共赢，最后实现共享。

要实现共治，首先是要让渡三种权利：决策权，让小微主根据瞬息万变的市场做出及时的决策；用人权：让“圈主”决定圈内人员的去留；分配权，让小微生态圈有机会与企业一同分享超过正常价值的增值部分，实现与企业的共享。

三权让渡，实现了“从企业家的企业到企业的企业家”的转变。过去靠老板的智慧，现在靠群体的智慧。这也是整个企业领导力问题的一大转变。

张宇是一家纺织厂的老板，主要以经营毛巾、布匹等家用纺织品为主。因为近几年出口下降，人力成本的增加以及市场需求的萎缩，企业毫无利润可言，已处于濒临倒闭的状态。张宇急了，请来专业经营人员决定对企业进行改革，以予挽救。

这位专业人士进工厂后第一件事，就是将企业内部的生产人员和营销团队进行合并，并进行重组、分成小组。他给每条生产线上配备两个市场销售人员，让他们组成一个小分队，进行自主经营。即由两个销售人员通过广告营销的方式去拓展销售渠道，并将决策权全权交给他们，即生产什么品种，什么花样，全部都由小组内部人员根据市场需求商议进行。当然，每个小组的人员薪酬全部都由他们所创造的利润中来，公司与每个小组进行五五分成制。如此一来，便调动了所有员工的积极性。

老板对此说道：“以前工厂生产什么，什么品种，都是由我一个人决定，现在把决策权全权下放给员工。员工完全根据市场来决定生产计划，这样就使整个企业都充满活力。以前所有的责任都由我一个人负担，而当下所有人都担有重责。企业内部由过去单一的、自上而下的行政命令权威转变为多元的、纵横交错的权威体系，这就是共同治理。”

这家纺织厂采用这种模式后，在第一季度，便从根本上扭转了企业由亏转盈利的危局。

这种将决策权机制由原来的自上而下变成自下而上的模式，从本质上讲，就是让市场去主导员工，让员工去做决策。那么又一个问题来了：权力都给了员工，企业内部无人管理，会不会造成大的混乱？

对于这种问题，我们给出的解决办法就是，将所有原来的职能部门全部取消，形成一个大的平台，包括财务部门、人力部门、信息部门、法律部门等。

事实证明，将决策权完全下放给员工，我们的企业并不会乱套，反而企业每个人都是创业者，每个人都在努力创造价值。

## 点燃员工“激情”，让每个人都熊熊“燃烧”

要最大限度地调动员工的工作积极性，除了给员工足够的利益分成，经营者还需要在企业内部营造积极的企业文化。在管理中，有一句话是说，坏的管理靠约束，好的管理靠文化。你若只给员工以足够的利益，但企业内部若是死气沉沉，毫无生机而言，那也难以激发员工工作的积极性。所以，身为经营者，就要懂得在企业内部营造良好的氛围，懂得去点燃员工的工作“激情”。

一个拥有强大“战斗力”的团队，一定是富有激情的。它能让每个队员都充满积极向上的气息，无论在什么样的境遇下，都能以一颗赤子之心，焕发出强大的活力，完成工作任务。它是一股强大的精神力量，能够补充队员的精力，不断为队员充电，并形成一种坚强的个性，激发队员的潜能，让每个人都能充分发挥自身的优势和潜力去应对自己的工作，最终取得不凡的成就。它是团队永葆活力和创造力的重要方法。

所以，身为经营者或管理者，要让你的团队充满活力，让每个队员都像熊熊燃烧的大火一般在企业中释放能量，就要先点燃团队的激情，然后再将这种激情永续不断地传递下去。这是提升员工工作积极性的一个重要方法。

关于此，我们先看看微软公司前首席执行官兼总裁史蒂夫·鲍尔默是如何做的吧！

史蒂夫·鲍尔默对微软公司的影响巨大。如果说盖茨是微软的技术领袖，那鲍尔默则无疑是精神领袖；盖茨是大脑，那鲍尔默就是心脏。其实，他带领团队创造奇迹的方法很简单，便是持续不断地给团队注入激情。

其实，鲍尔默本身就是一个对工作富有热情和激情的人，他的这种状态也影响和感染着微软员工。同时，在带领团队过程中，他已将传递激情变成了一种习惯。他的一句话，一个充满激情的动作，都会使员工受到很大的激励。

鲍尔默还在求学时代，就是一个非常富有激情的人。他当初是哈佛大学足球队的拉拉队队长，他有能力让全场的人热血沸腾。一种对事业的激情，让他把这种能力发挥到了微软的管理上来，使微软的员工在开拓市场时更加团结，更加投入。鲍尔默说："好的统帅要懂得控制比赛的节奏和进程，还要懂得如何激发团队的斗志——你要用自己的激情去点燃他们。"他用激情去激发每个队员的忠诚和尊敬。

他曾说："我是天生激情派。我认为，激情对开辟企业是一种非常需要的素质，不仅仅是'我自己有激情，我的管理是让我周围的人都有激情'。激情不是瞬间的一个状态，而是一种文化。"而他传递激情的一个秘诀，就是"每个员工都是我的客户。我们管理层为员工提供一流的服务，员工为客户提供一流的服务，这就是整体的管理理念所在。"

鲍尔默可以使一些讨厌计算机的人集中精力去编程序代码，只要鲍尔默走进一个部门，这个部门的气氛就会升温，全体员工便像吃了兴奋剂似的，拼命为公司工作。鲍尔默的这种极具感染力的激情，让他极富个人魅力，这种魅力又增加了他的亲和力和感召力，他能鼓舞普通员工无怨无悔从早干到深夜。虽然他不精通软件技术，但却能用他的激情感染员工，率领员工开拓市场。

曾经有一个在微软做过 6 年的产品推销经理说："鲍尔默充满激情，富于感染力。除非是死人，否则只要与他在一起，就不可能不被他感染。"

鲍尔默经常在会上手舞足蹈，声情并茂，他的眼睛和光头放射着光芒。无论是在公共场合发言，还是平时的会谈，或者给员工讲话，鲍尔默总是习惯用一只攥紧的拳头不停地击打另一只，并总以一种高昂的语调爆破出来，如他在一次大会上就曾连声高喊 Windows！ Windows！！ Windows！！！ 非常具有震撼力。甚至在 1991 年的一次会议上，因为叫喊得太猛，喊坏了嗓子，最后不得不上医院动手术。

在微软一次关于 Net 计划的会议上，被汗水浸透全身的鲍尔默更是以传教士的热情向开发人员高唱 Net 赞歌，其提到的 Net 不少于 20 次。鲍尔默把这次会议进行了网络直播，让更多的员工被他的激情所感染。

鲍尔默在推广微软的 Net 互联网服务技术时，还制作了一段视频剪辑，在网上广为传播。在那段录像中，鲍尔默用他迷人的嗓音，充满激情地在微软大会讲台上反复呼喊着“开发者”多达 14 次以上。

鲍尔默在 1994 年的一次微软公司大会上，用他那无与伦比的大嗓门重复着一个词：“市场！市场！！市场！！！”停顿了一下，他又说：“原因只有一个，如果你占有市场份额，你实际上就使对手们”，说到这里，他用手扼住自己的咽喉，作挣扎状，再接着说：“只剩下吸入维持生存的氧气的能力。而我们需要维持的就是让对手们奄奄一息。”在微软，没有人拥有比鲍尔默更激情澎湃的煽动能力，没有人比他更能感染员工，他的演讲总像沸腾的岩浆，点燃着员工的工作激情。

微软的员工早已对鲍尔默的激情习以为常，但每一个面对他的员工仍然会热血沸腾。鲍尔默的热情和执着使他成为微软内部的鼓舞者。

凭借他的激情，鲍尔默感染着微软的全体员工，为盖茨撑着一片天，从 16 名员工，壮大到 6 万名。他的“煽情”对微软的成功来说是至关重要的，他自己则成了激情演讲者的代名词，形成了一套鲍尔默特色的管理方法。

由此可见，点燃员工的激情，并将激情传递到自己的团队中去，并让团队激情变为实干精神，是经营者或管理者的必备技能。对于管理者来说，只有将激情传递给你的团队，激情才能转化为团队成员的内在驱动力，并为企业释放出最大的能量。

那么，身为经营或管理者，如何才能点燃团队激情，并持续不断地将激情传递给你的团队或员工呢？你可以从以下几个方面做起：

1. 充满激情的口头鼓动，这是一种最直接最有成效的方法之一

要明白，一次充满激情的口头鼓动不难，重要的要将它持续不断地坚持下去，并且保证每一次都能把奋进精神引领到员工的内心世界。如果你做到了这一点，那么，就成功了一半。

2. 不断地向员工展示企业发展的愿景

深层次的使命感、理想、精神动力的追求，最能够激发出人的激情来。管理者如果让员工认同企业发展愿景，就能激动人心，将自己的激情传递到团队成员当中去。

3. 合理引导队员的兴趣

要知道，兴趣最能让人产生激情，一个管理者能对企业产生热爱和兴趣，那么他就会富有激情。同样的，如果你能让队员对工作充满兴趣，那员工同样也会富有激情地投入工作。

4. 加大员工的个人发展空间

如果个人在企业中有极好的舞台，有施展的空间，就能让员工充分感受到领导的激情，容易激发起他们的上进心，进而表现为个人的激情。

5. 给予适当的物质利益

当完成某件事可能给员工个人带来物质利益时，领导者也能

将激情传递给员工。

总之，激情对团队的成功极为重要，充满激情的管理方式，会给团队注入一种强大的精神力，让每个队员都能从内在形成一种强大的驱动力，是企业不断前进的强大动力。

## 让员工守着“梦想板”，不断激发“斗志”

《孙子兵法·谋攻篇》日：“上下同欲者胜。”《黄石公三略·上略》说：“与众同好靡不成，与众同恶靡不倾。”这些讲的都是上下一心，势必士气旺盛，众志成城，打仗时个人奋力向前，军队就会攻无不克，战无不胜。这种“上下同欲”的原则，同样也适用于激励团队队员。

身为经营者，要让你的团队出现“上下同欲”的局面，一个最为直接且行之有效的方法便是将员工的“目标可视化”。也就是说，经营者要将员工在企业中要实现的个人目标转化为他们的梦想，让这个“梦想”去激发他们的斗志，从而从根本上提升整个团队的“战斗力”。

其实，在管理过程中，每个队员都或多或少有所期望，但是这种期望并没有形成一种驱动力，就如同每个人都希望拥有漂亮的房子却没有设计蓝图一样。因此，成功的经营者就要发掘员工的期望，并将他们的期望变成具体的可实施的目标，并给员工设计“梦想板”，而一旦这个具体的目标或理想生动且鲜明地被体现出来，员工就会在思想上产生一种共鸣，就会毫不犹豫地追随你。形象地说，管理者利用明确而具体的“目标”或“梦想”激励员工，就是充当一个“建筑师”的角色，“建筑师”把自己的想法具体地表现在蓝图上，让“建筑”的形象生动鲜明地体现出来，以此激发员工为之努力工作。

美国大陆航空公司为了彻底改变昔日因航班误点而每月损失高达500万美元的经营窘境，管理者戈登·贝休恩便抛出了“重奖按时着陆”的激励举措即为“如果每个月的按时率均达到国内同行的前五名，公司将给每位员工加薪65美元，以资鼓励。”

正是在这一看得见、摸得着的目标激励下，全体员工才心往一处想、劲儿往一处使，终于在短短的两个月内，使航班着陆按时率多年来首次达到同行业的第四名。戈登·贝休恩爽快地践行了自己的诺言，拿出260万美元给每位员工加薪65美元，并发表了热情洋溢的即席演讲——“表面上看，我们为员工加薪花去了260万美元，但相对于月均耗费500万美元来说，我们却节省了无效开支240万美元。也就是说，我们通过花钱来省钱，最终达到了获利的目的。在此，我再次重申一下我们的‘目标激励原则’：达到目标者，可‘品尝’奖励；未达到目标者，必‘吞咽’罚款。只有这样奖罚严明，才能使勤奋者更勤奋，使懒惰者变勤奋。”

戈登·贝休恩运用这一看得见、摸得着的目标，激发了员工的工作热情，最终实现了整个团队的目标，可谓充满了管理的智慧。

身为经营者，给员工设计可视化“梦想”或“目标”时，应该注意以下几点：

1. 经营或管理者要是一个有魅力的人

一个缺乏魅力的管理者，因为总是担心目标不能实现，所以也很难展示出令员工心动的愿景来。下属对这样的管理者，不会抱有什么信心。工作场所像片沙漠，大家哪有高昂的斗志，如此情况下，就算是微不足道的目标也难以实现。

2. 保证“梦想”或“目标”要有明确和具体的实施步骤

如果仅有伟大的愿景，没有具体和明确地规划出实施过程，也会让大家失去信心。所以，规划愿景的同时，还必须要规划出实施愿意的过程。这是一个必须的过程。

3. 团队队员的目标要接近现实

也就是说，给每个队员制定目标时，目标不要太大、不切实际，要有通过努力有实现的极大可能性，如此才能激发起员工的兴趣。同时，目标也不能太小，让员工觉得没有意义。

总之，经营者通过塑造一个可视化目标，是引发团队成员工作积极性和主动性的最直接且行之有效的方法之一，也是激发团队强大“战斗力”的一个有效的方法。

# 第五章

# 成本从“高”到“低”：微利时代下的精益管理之道

微利时代，企业的经营压力和面对的挑战，远远地大于发展的机遇。“开源”的困难度将来越来越大。企业要生存，要发展，必须把“节流”文章作深、作透、作精、作出成效，以期得到更多的利润。

据统计，国内大多数企业，都未曾实施“精益化”管理之道。他们只要在内部管理上多下一些工夫，在现有的规模基础上控成本、堵漏洞、减浪费，就可以轻松地挖掘30%的利润空间。如果实施适用、有效的精细化管理和适用式管理，“利润倍增”的目标也一定能够实现。

## 不懂成本控制，公司会在亏损中举步维艰

在“微利”时代，中小公司或企业因为缺乏系统和科学的管理，导致产品成本飙升，缺乏市场竞争。尤其在一些民营企业分布较为密集的地区，随时都能见到因为成本控制不好导致企业无利可图，继而举步维艰甚至关门大吉的各类企业。

今年46岁的肖强是浙江一家民营企业的企业主。他们的市场主打产品是计算机零件加工，其次是手机零配件，最近又新上了打印机生产线。

他们的产品因为有北京中关村一家公司技术方面的支持，所以销售势头比较好，在几家著名的网络商城，都是他们的产品，而且销量都比较不错。并且在一些实体店，该企业产品的销售业绩排在前几名。该公司的董事长和总经理比较擅长营销，对客户的需求和消费者的心理抓得很准，在产品的设计、定位方面，也都做得很好，所以拥有了不错的销售市场。但是遗憾的是，该公司虽然在销售方面占有优势，但在成本控制和生产线管理、效率方面存在着十分严重的漏洞和疏忽。去年一整年，他们的销售额达到了4000多万元，但是总利润却仅有50多万元，这使该企业的企业主十分忧心，照这样下去，他们距破产也不远了。

实际上，深入地了解该公司的生产线，便会发现，他们所存在的问题在当下许多中小企业中具有普遍性，主要表现在以下几个方面：

1. 管理成本处于失控状态

该公司总人数 328 人，却有 12 人都挂着总经理的职衔，4 个总监，5 个总经理助理，1 个执行部部长，相当于主管，另外还有 1 个后勤部部长以及车间多名小组组长。这样的职位安排，造成管理成本的严重失控。

如果将产品监控人员、财务人员、销售人员、质检人员、技术研发人员、统计人员、仓库管理人员、生产计划人员、人事与行政事务人员、文质人员、后勤人员等统计在内，真正干活与不干活的管理人员的比例约为 1.65∶1，这就造成直接人员与间接人员在比例方面的严重失调，这是对公司人员的严重浪费。

2. 混乱的生产计划导致生产成本居高不下

在调研期间，负责生产与物控的主管说，该公司生产计划达标率在 40%以下。

在查找生产计划成达率为何如此低下的原因时，其问题主要可归纳为以下几个方面：

一是物料采购与生产计划脱节，采购来的物样，常常不是生产线急需的；

二是供货商管理不力，生产线急需的物料，供货商迟迟无法送到工厂，生产线常常出现停工待料现象；

三是仓库管理失控，没有明晰的台账和资料，有些物料仓库有库存，堆压在某个角落，生产线要用时却找不到；

四是总经理时常向生产线口头下临时的订单，打乱生产计划；

五是制订生产计划的职员能力不足，既不能有效变更生产计划，也缺乏变通的整合能力，只能顺其自然。

如此混乱的生产计划，严重制约着生产效率的提升和制造成本的降低。

3. 人力浪费导致的成本攀升

该公司生产打印机的事业部，由于打印机产品是新上的生产线，营销尚不成熟，订单量不能满足生产线，员工上班时基本上处于“磨洋工”状态。有一批出口订单因为质量问题，客户退货返修。员工天天做返工工作，没有兴趣和激情，工作效率低得可怜。

其他生产线的状态如何呢?

上班时间，无论是走进空调车间，还是喷油车间，随时都能看到工作时间玩手机、聊天或者打瞌睡的怪异现象。如果遇到因物料欠缺或者是临时接到“插单”通知造成的生产线临时换线，还常看到整条生产线停下来等待的情况。

在制造业，人工成本在总成本中所占的比例已经越来越大，如此严重的人力成本浪费，极为严重地蚕食着该公司的利润。

除了上述问题造成的严重成本浪费之外，该企业还存在着供货商管理不到位所造成的物料无法及时入库和材料质量合格率低所导致的浪费；仓库、现场物料管理不到位所造成的废料或物料流失浪费；生产效率低下所造成的人工和机器的浪费；质量管理不善所造成的返工、报废、延误交货所产生的综合性浪费；工序、部门之间沟通不畅造成的无形浪费；管理干部的管理技能欠缺所导致的窝工浪费；安全管理不到位导致的工伤、事故浪费等等。

以上所有的这些浪费，都在蚕食着企业有限的利润。如果说“成本控制不力是制约企业发展极为重要的瓶颈”，一点也不为过。要知道，在“微利”时代，对于企业主而言，你的“节流”若做不好，“开流”也便失去了应有的意义和价值。

当然，身为企业主，要有效地控制成本，引进精准化管理是关键。但实行精准化管理是一个复杂而长期的过程，在此期间，你可以先从以下几个方面入手去实施你的成本控制：

1. 有效地控制“有形成本”

该公司将物料使用的数量与订单数量相结合，并按照质量管理要求，制订出相应的损耗百分比。每个部门所申购的物料要严格称重，一旦出现废料或者边角料时，要让质量管理部门进行签字。所有运出去的废料，要经过检验、称重、部门主管签字、车间的 QC 签字。废料运至大门时，执勤保安要核对废料丢弃列表，并按照列表上的数量进行二次的称重。

有了这样严格、缜密的控制手段，有形的浪费便能得到良好的控制。

2. 有效地控制“无形成本”

“有形成本”控制是必须的，但“无形成本”控制也极为关键。针对上述肖强公司所出现的问题，该公司要采用完善的生产计划，强化部门之间的沟通，定期召开生产协调会议，加强团队之间的合作等有效措施，让生产在有序的控制中，依照工作流程严格、严谨推进。

依照以上的措施进行改进后，该企业在“节流”方面就会上一个新的台阶，产品的利润亦会得以提升。

## 控制成本：别让“利润”被浪费吞噬

对任何一个企业来说，利润是其赖以生存的生命线。现实中，很多企业关门大吉，除了市场和资金因素造成的困扰外，其中不乏因管理问题造成的成本过高，利润低薄。有人说，当下利润的低薄，主要与市场不良的价格竞争有关。实际上，企业利润的高低，与所接订单的价格没有绝对的关系，那些赢利的企业，大多都善于在内在管理方面加强自己。

企业的利润空间来自“开源”和“节流”。拓展市场增加订单，虽然是明智之举，但如果不做好内部控制，将浪费消灭在管理过程中，那些辛辛苦苦拓展的市场和耗费的精力增加的订单，就会成为无本之木、无源之水。那样的话，就算市场拓展再大，拿到的订单再多，企业的最终结果也只能是白忙、瞎忙，得不到满意的利益回报。

在广东佛山，有一家硬件条件很好的美资企业，拥有近1000名员工，生产玩具与各种工艺品，一年四季订单不断，生意极为红火。

论硬件，这家美资生产厂家的设备在同行中是最先进的，各种工具配备齐全，检测仪器精良，厂房宽大明亮，职员福利待遇优厚，住宿区是典型的花园式，假山、凉亭、人工湖等穿插其间，娱乐设施多样，餐厅宽敞明亮，阅览室豪华舒适。

论订单，这家企业的老板自己就是销售商，在欧洲诸国都有自己的批发系统和卖场，工厂的订单从来不被贸易商吃差价，价格有相当大的优势。

遗憾的是，这样一个在硬件和订单方面占有绝对优势的企业，却连续几年年年亏损上百万元人民币。

经过深入调查分析后，不只是生产管理的问题，也是该企业管理者、员工缺乏成本意识的问题。在员工中流行一句口头禅：反正生意好，不在乎浪费这点。管理者因管理问题给工厂造成了极大的损失，会用“反正生意好，不在乎浪费这点”为自己开脱；员工因工作不认真造成了损失了，也用这句口头禅推卸责任。

正是因为企业的干部与员工都缺乏成本控制意识、节约意识和责任心，不为公司利益着想，致使公司连年巨额亏损。

可见，要控制成本，节约是首要的。一位企业家讲过：“浪费是危险的，而且会变成坏习惯。浪费金钱不只危险，更影响人们的精神状态：人对努力工作失去兴趣，只关心眼前的享受与刺激；他们喜欢幻想更甚于工作，牺牲勤劳和节俭，甘为懒散和奢靡所诱惑；他们不愿意脚踏实地努力积累，期待不劳而获。这种精神状态导致人性的堕落和腐败，最终导致个人和公司的衰亡。”可见，降低成本，必须要从加强管理、消除浪费开始。

1. 堵住利润流失的漏洞

一个企业或企业中的一个组织，无论人员多少，规模大小，都存在漏洞，只是漏洞大小和程度不同而已。

现实中，很多企业，浪费现象十分严重。许多本该控制到位的成本，由于操作员成本意识欠缺或者管理控制成本的技能不够，致使浪费问题严重制约企业的利润获取和发展前景。

制造业如此，其他行业亦是如此。企业的漏洞存在许多方面，如何发现漏洞，堵塞漏洞，考验的是经营者的智慧和管理者的水平。要堵住这些漏洞，管理者就要懂得在内部实施精益化管理。即让每个部门都引进“精益化管理”，比如日本推出的6S管理法，指在现场对人员、机器、材料、方法、环境等生产要素进行有效的管理。

2. 将“节约”观念深入每位员工的意识中

管理者要将“节约”当成企业的一种文化进行营造和宣传，从思想上、行动上、细节中让员工养成节约的习惯，如节约用水、用电、办公用品等，能省则省，视节约为己任，时刻为公司利益着想。同时，在工作中，应要求员工能够以“主人翁”的姿态完成工作，最大限度地发挥自己的潜能，将事情高效完成，为公司节省时间、人力、物力，为公司的可持续发展献计献策。

3. 别将“卓越管理”理念生搬硬套

在许多管理类的课程中，都会强调提升产品“质量”等内容，觉得要提升企业竞争力，狠抓质量是必须的。当然，这从理论层面是没问题，但是如若你不懂得结合自身企业的实际情况，生搬硬套这些理论，那就会陷入误区。

王新是福建一家五金生产厂家的老板，在平时总爱参加一些管理培训课程。很多课程上，培训师都会重点强调提升产品“质量”。他一直认为：“品质越精良，对企业就越有利。”持这种观点的企业管理人员不在少数。这便是理念上的误区。

其实，“提升质量，将产品做精”，这从企业长远发展的角度来理解是没错的。如果企业在产品定位方面走的是精品路线，客户下的订单价格高，工厂的品质一定要精良；相反，如果企业的产品定位走的是低端路线，客户也定型，企业就要慎重对待这个问题。对走中低端路线的企业来说，生产线把品质做得非常精良，势必会造成质量的浪费。客户满意度高，公司却没有利润。这是投入与利润回报的“剪刀差”。

“适用式管理模式”，并非是要与西方科学管理和日本精益管理唱反调，而是经营者要根据自身的情况进行合理利用，而不是生搬硬套。

## 管理浪费：精益管理很重要

在不少的企业中，有可视的有形的浪费，这些浪费看得见、摸得着，易考核，因此容易引起重视。还有无形的浪费，看不见也摸不着，所以常常被忽略，这便是管理不当所造成的浪费。殊不知，这种无形的浪费比有形的浪费更为可怕。

一家港资企业，管理极为落后，从来不制订生产计划。遇到特殊情况需要进行协调时，老板会临时召开生产协调会。

有一次，企业接了一个急单，老板为此召集了生产协调会。安排好之后，第二天，老板有事回了香港。结果该订单进入生产流程后，在第一个环节便出了问题。后面的部门按照生产协调会计划的上线时间，将人员、物料和其他准备工作都做好后，去上一个部门领半成品时，才知道上一个环节还没有完成。后面部门主管只得安排人将准备的物料收回去，重新安排生产线。

后面的部门100多名员工，白白浪费了一个上午的时间。没

**有生产出来产品，工厂还要承担100多人的半天工资和水电、物料浪费的费用。**

类似的因为管理落后、沟通不畅所造成的内耗，在企业中最为常见。这些浪费是无形的，是不易考核出来的。对此，公司要采用完善的生产计划、强化沟通效果、定期召开生产协调会，加强团队合作等有效措施，让生产在有序的控制中，按照工艺流程顺利地进展。同时，采用科学、系统的管理，高效的生产和有效的成本控制手段，使该公司很快便成为同行中的领军企业。

当然，能造成企业管理浪费，主要体现在以下几个方面：

1. 老板管理不善

生活中，许多老板做企业不将精力放在如何引进精益化管理方式，而是将封建皇权争斗的方式用于企业中。比如如何让员工进行相互牵制，威慑下属等。他们总是担心下面的管理团队太过团队，以致会共同来对付老板，损害企业利益，于是挑起争端，让内部不得安宁。比如让几个部门形成直接的竞争关系，选择不合的人组成一个团队互相制约，甚至于“一个人做事，三个人监督”，结果导致企业效率下降，很多精力被白白地内耗掉。

要知道，公司运行依赖的是系统的管理体系，包括组织结构、制度流程、有效的激励以及恰当的风险管控机制，而非互相猜忌、明争暗斗的政治斗争。企业是创造价值的组织机构，有明确的目标和价值实现方式，通过结果和过程控制相结合是能够客观、科学评价每个人的绩效的，通过绩效监控来合理授权既可以激发管理团队的责任感，发挥他们的聪明才智，又能够帮助老板从日常事务中解脱出来思考发展战略的大事，何乐而不为呢？

2. “大兵团作战”，造成严重的窝工现象一些劳动密集型企业的生产管理者，在订单生产时，不是按照科学、有效、排长线的方式，有计划、有步骤地安排生产，而只是凭借经验、凭感觉，动不动就使用人海战术打“歼灭战”。这种“大兵力作战”的生产方式存在许多的弊端。比如，大兵团作战容易出现分工不明、责任心不强、有人偷懒耍滑的现象，这样就难免会造成产品品质的下降。

针对这种情况，公司一定要建立有序、精益、科学的管理方式，有计划和有步骤地安排生产，提升员工的生产效率。

3. 管理方法陈旧，新生代员工管理问题较多

在制造业，“85 后”和“90 后”的员工已经成为生产现场主力军。但许多中小企业的生产管理干部，依然使用管理“60 后”与“70 后”员工的方法去管理他们，结果使新生代员工不配合管理、生产现场剑拔弩张的现象频频发生，极为严重地影响了生产效率与质量的提升。

欠缺有效的领导方法，是中小企业对“85 后”和“90 后”员工管理和任用的通病。时代在变，员工对工作责任的认同感和价值观在变，如果管理人员不改变管理方式，势必会造成无效管理，甚至产能管理的负能量。

针对这种情况，管理者应该采用多样化、富有个性的管理方式，并综合不同年龄段员工的价值观进行调整性地改变管理方法，有效地消除公司内部的负能量，这样才能提升工作效率。

## 降低用工成本：强化员工素质，多创造的都是利润

公司的用工成本，从根本上体现了公司整体管理能力的高低。成本控制主要在于有效地花钱，而非无效的节约：“裁员减薪”可能是最快速、最见效的办法，但它会给公司带来极大的伤害和负面的影响。因此，公司的管理者必须要实施战略性的管理措施来降低用工成本，通过提高人均产出，提升企业的生产效益。

在世界500强企业中，思科是名列前茅的公司，每个员工每年为企业创造的价值高达77万美金，折合人民币500余万元。而同行业员工每年为公司创造的价值仅有22万美元。思科员工创造的价值是同行业员工的3.5倍。为何思科的员工如此高效呢？

一是思科公司的领导在员工培养方面花费的精力和时间较多，领导和部属之间的能力距离和职业理念相差不大，工作上能达成默契，实现了“上下齐心，其利断金”的工作效能。

二是通过上司的培养和自我提升，员工掌握了高效工作的方法并灵活运用。

诚如思科公司的董事长约翰·钱伯斯先生所说：“一流的企业努力培养高素养、高效能的员工；高素养、高效能员工造就了一流的企业。”实际上，通过提升员工的素质，是提升企业效益的最根本的方法。当然，要提升员工素质，靠的是科学、有效的员工管理方法。一般来说，平时除了给员工定期安排培训外，你

可以从以下几点出发：

1. 将员工的利益与公司的效益进行捆绑

要想让员工自发、自觉地提升自身素质，那就要与员工建立起合作关系，让他们从自身创造的利益中拿薪酬，这便能最大限度地调动员工的工作积极性，让他们自觉地去主动学习，提升自身的素质。

一个公司要做大、做强，要获得持续的发展，就要求公司内的员工不是简单地打工赚钱，而是真正地融入公司，将员工的利益与公司的利益进行捆绑。

2. 加紧员工与员工之间的协作，产生1+1>2的效益

在公司中，员工与员工之间的协作也显得极为重要。一个优势互补的团队协作对企业的发展发挥着举足轻重的作用。尤其是产品的研发、技术、市场、融资等各方面组成的一流的合作伙伴是提升工作效益的法宝。所以，管理者在分配工作任务的时候，一定要懂得结合每员工的特长、个性，注重员工与员工之间的良好合作，同时也要能够将不同长处的员工进行合理的组合搭配，将工作完成得更为完美。

管理者要明白，在现实中，无论哪一种人才结构都存在着个性差异，每一个团队中每位成员的气质、性格都各有不同。所以，身为管理者，在分配任务的时候，只有根据每位成员自身的个性对其进行合理的搭配，才能让整个团队都发挥最大的效应。其实，这就如踢足球一样，一个队几十个人都有其独特的个性和特长，只有相互配合，这个队踢起球来才能有声有色，如果将各自的特色与棱角都磨平了，这个队几乎就没什么希望了，想赢球也就难了。

所以，在实际的管理过程中，每位管理者都应该深入地对自己团队中的每一位员工进行深入的了解，追求人才的配套结构，取长补短，最终实现 1+1>2 的效果。

3. 把合适的人放在合适的岗位上

每个人的能力、特点不尽相同，不同的岗位需要不同类型的人才，只有当下属的能力与他们的工作相匹配的时候，才会最大限度地发挥他们的能力与潜能。作为管理者，要能够认清不同下属之间的差异，找到他们之间不同的特点与优势，并结合他们的优劣势，将他们放在合适的岗位上，让他们发挥出最大的效能。

有的员工谨慎小心，有的员工讲究速度，有的员工非常善于处理人际关系，有的爱表现，有的好宁静……总之，员工的类型有很多，管理者需要做到的，就是人尽其才，人尽其用。

为扩大规模，某企业高薪招聘了 70 多位技术型人才，优越的工作环境、高薪的挑战等都让这些人跃跃欲试。然而，不到半年的时间里，不同的问题一个接一个：有的人抱怨专业不对口，自己优势不能得到发挥；有的人觉得现有的条件不能满足工作的需要；有的人觉得自己被大材小用，能力远远超过了岗位的需求……所有的一切让管理层深感头痛，甚至有几名深受器重的员工选择了跳槽。这让企业陷入一片混乱。

为什么会出现这样的情况呢？可以说，这些人都有真正的能力，但这家企业在招人的时候忽略了工作岗位真正需要的人才，结果使许多人的能力不能得到发挥。

作为管理者，要懂得把适合的人才安排在适合的岗位上，做到资源的优化配置。一个人只有处在最能发挥其才能的岗位上，才有可能干得好，把自己的能力全部发挥出来，有所突破。

4. 严格进行标准工时管理

标准工时主要指的是在一个良好的工作环境中，员工能否正常速度完成一项特定的工作，即也就是员工的生产效率。这就需要管理者针对每个员工的工作特性，制作出时间控制表，实时地监督员工的工作效能，让他们在压力下提升工作效率。

要加强员工的时间管理，一定要坚守 80/20 法则，将 80%的时间用在 20%的关键事务上面，便能在保证效果的同时兼顾效率。同时，公司在进行工时管理时还要防止“出工不出力”的现象，合理地分配工作，效少无效劳动。

5. 以优秀的文化理念影响员工

要想提升效率，优秀的企业文化显得极为重要。优秀的企业文化，可以提升员工对企业的向心力和凝聚力，有利于激发员工的事业心，从而发挥出最大的潜能。这种文化熏陶，往往比硬性的制度约束更为有效。优秀的企业文化，等同于在企业内部形成了一种精神上的思想准则，让员工在无形中被感染、被影响，并外在表现出一种气质和形象，这正是企业的“魂”之所在。

总之，上述用工成本控制方法在规模不同的公司对用工成本控制有一定的倾向性，对于公司的管理者而言，更为重要的是遵守相关法律、法规的情况下，对具体问题“对症下药”。公司对用工成本进行重点、精细化管理与控制，就要最大限度地了解、理解、掌握用工成本的构成，进行战略性分析和控制，从而有效地全面降低公司的运营成本，保证公司的持续、健康发展。

## 降低采购成本：它是企业的“第三利润”

原材料上升是许多企业利润低下的一个重要原因。据统计，制造行业原材料的采购成本占公司总成本的50%～80%，采购成本已经成为许多公司成本的最大组成部分，因此，公司对采购成本的控制便显得极为重要。

随着全球化经济的竞争越来越激烈，采购甚至应被视为公司挖掘潜在利润的“第三利润源”，也因此，控制采购成本成为了公司管理者和采购人员的工作重点。所以，如何削减成本，有效降低采购成本、减少现金流出、提高资金使用效率便成为公司盈利的关键所在。然而目前中国公司采购成本的控制仍旧存在着不健全、成本管理方法落后、公司采购成本控制观念陈旧、采购过程中缺乏有效的信息沟通等问题。

公司一定要建立、完善采购制度，做好采购成本控制的基础工作，实施采购成本控制流程，加强采购管理理念的推广，加强采购部门与其他部门的沟通，加强对供应商的管理，采用科学的成本管理方法和手段，以降低采购成本，从而有效地控制采购成本，提高公司的经济效益。

1. 把握价格变动的时机

价格经常会随着季节、市场的供求情况而变动，因此，采购人员应注意价格变动的规律，把握好采购时机。如果采购部门能够把握好时机和采购数量，会给企业带来极大的经济效益。

2. 以竞争招标的方式牵制供应商

对于大宗物料的采购，一个有效的方法是实行竞争招标，往往能够通过供应商的相互比价，最终得到底线的价格。此外，对同种的材料，应该多找几个供应商，通过对不同供应商的选择和比较使其相互牵制，从而使公司在谈判中处于有利地位。

3. 向生产厂家直接采购

向生产厂家直接采购，可以减少中间环节，降低采购成本，同时生产厂家的技术服务、售后服务会更好。另外，有条件的几个同类厂家可以结成同盟联合订购，以化解单个厂家订购数量小而得不到更多优惠的劣势。

4. 不断开发供货商，营造竞争局面

供货商的开发与管理应该是动态的，不断开发新的供货商，在供货商之间营造彼此竞争的氛围。发展供货商的方式可以先初选，在众多的供货商中根据其硬件的设施、技术力量、环境标准等指标，排除肯定不合格的供货商。通过初选的供货商可以参加企业的正式招标，中标者并不总是报价最低的，主要标准是报价的可行性。

5. 了解供货商的成本，争取与供货商双赢

要对采购成本进行有效的控制，仅靠自己内部的努力是不够的，应对供应商的成本状况有一定的了解，这样才能在与对方商谈价格的时候，掌握主导地位，最后实现与供货商双赢的局面。

6. 加强采购人员的管理，提高采购人员的素质

一位合格的采购人员必须是德才兼备，技能与经验共存，具有较强的市场信息采集与处理能力，才能更好地履行采购作业。为了杜绝采购人员拿“回扣”现象，首先，企业要加强内部监

督，使采购人员的一言一行、一举一动均在组织和广大员工的监督之中。其次，制定合理的激励制度，激励机制的直接目的是调动采购人员的积极性，谋求个人利益与企业利益一致最终实现企业的期望目标。

7. 加强原材料的管理

加强公司原材料的管理是提高公司经济效益的主要目的之一。采购原材料时，质量控制是最为关键的一环。当材料的缺陷太多时，公司的生产过程就不得不停下来，这时候造成的工时浪费是相当严重的。如果不能如期交货，还会遭到用户的投诉。一些对原材料控制不太严的厂家，经常因为采购了有缺陷的原材料而造成停工。

8. 选择信誉佳的供货商并与其签订长期合同

一个有能力、守信用的供货商，不仅能够保证供货的质量、及时的交货期、整体的服务水平，还可以得到其付款及价格的关照，尤其是与其签订长期的合同，往往能得到更多的优惠。

因此，在保证服务质量的前提下，公司的管理者应不断地加强采购管理，有利于降低原料成本，这是提高产品质量，获得丰富利润的重要环节。

## 生产成本：严控现场，每一个环节都需要精细化管理

生产现场是利润产生的主要场所，所以严控生产成本，就是从根本上提升企业的利润。从管理意义上讲，生产成本控制指的

是公司为了降低成本，对各种生产消耗和费用进行引导、限制以及监督，将实际成本维持在预定的标准成本之内的一系列工作。

降低成本就是要提升效率。当前社会背景下，制造企业所面临的主要问题是多批次、少量、低价格、短交期、零不良、高物流和快开发等问题。因此，企业导入精益生产、提升企业效率就变得非常急迫了。

1. 计划缺乏执行性，导致执行力低下

在一个企业中，工作计划是员工执行工作要达到的目的，它对员工的工作具有实际意义的指导性。计划的完美与否，不仅关系着企业未来的发展状况，而且还关系着员工执行力的强弱。一个计划再完美，如果它不具有可执行性，那么，该计划就算不得上一个好的计划。所以，管理者在制订企业计划的时候，一定要考虑计划的可执行性，这是保证员工高效执行力的前提。

一群老鼠经常被一只猫追赶得精疲力竭。所有的老鼠都受够了这种躲躲藏藏的日子。有一天，它们便召开全体大会，一只领头老鼠号召大家都献出自己的智慧，拿出一套对付猫的方案来，争取一劳永逸地解决事这件生存大事。

在大会上，所有的老鼠都绞尽脑汁，有的提议说要培养猫吃鱼吃鸡的习惯，有的建议要研制出一种能让猫闻到气味会死去的毒药……经过一番商讨之后，一只老奸巨猾的老鼠出的主意让其他老鼠都佩服得五体投地，连呼高明。那就是要在猫的脖子上面挂一个铃铛，只要猫一动，就会有响声，大家就可以预先听到警报，躲起来了。这一决议最终得到了全体老鼠的赞同。但是，接下来的难题出现了，谁能够给猫的脖子上挂上铃铛呢？如果谁能办到，将得到高薪奖励并且还可以在老鼠群中发号施令，等。但是，最终还是无老鼠能够站出来，将这个计划执行下去。

这个故事告诉管理者这样一个道理：计划或决策在理论上如何地完美，但是却无法在行动上执行下去，那么，一切将会变得毫无意义。很多情况下，决策和计划不在于有多么地英明，而在于是否能够有效地实施。

2. 无序生产造成的成本增高

无序生产指的是不按工艺流程，脱离生产计划，打破合理控制，部门各自为政等非常规行为所制造引发的混乱生产现象。

无序生产造成的结果是部门与部门、工序与工序之间的协调性差，生产效率低，品质难以控制，人员、机器设备、生产空间不能有效利用，生产数据统计困难，订单完成时间不好掌握等负面因素。最终导致企业产生成本提高，企业效益低下，生产线一直处于不规范、难控制、低效率的混乱状态。

微利经营时代，无序生产就是蚕食成本的重要元素之一。

3. 等待浪费

在生产中，等待是无法创造价值的，这是因为等待并非加工过程，无法改变物料的形状、尺寸、性能和功能。等待一般有两种情况：待工和待料，即因物料供应或前道工序能力不足造成待料，因设备故障、产品质量等而造成待工。

造成等待的常见原因有流水线能力不平衡、计划不合理、设备维护不到位、物料供应不及时等。

4. 物流浪费

货物在流通阶段是无法产生效益的，同时，货物在流通过程中还会因放置、堆积、移动、整理等造成空间、时间、人力和工具等浪费。

5. 动作浪费

如果员工在操作过程中有多余的、不合适、不简单的动作，肯定会增加员工作业的强度、降低生产效率，因此也是一种浪费。常见的浪费动作有两手空闲、单手空闲、作业动作停止、动作幅度过大、左右手交换、步行多、转身角度大、移动中变换动物、未掌握作业技巧等不必要的动作。

6. 库存浪费

库存是货物一种等待状态，会影响资金的流动。常见的库存形态有原材料、零部件、辅助材料库存；半成品、在制品库存；成品、在途库存等。库存将带来额外的搬运储存成本，造成空间浪费与人力浪费，甚至还会让物料变成废品，掩盖诸多问题。

7. 计划混乱，制造缺乏适时性

因为生产计划的混乱，会造成制造过多、制造过早或制造过少等，都会造成成本费用的提升，违背了生产的适时性原则。可能造成的浪费有造成在库、计划外消耗或提早消耗，增加滞留在库的风险，降低应对变化的能力。

针对以上的几种情况，关键就是要将精益化管理导入企业的每一个生产步骤，让生产井然有序，提升效益。对此，你可以从以下几个方面努力：

（1）目标明确：让全体人员都明白，这一成本管理体系应包括企业的全体员工和生产的全过程。

（2）拆分目标：拆分目标，将成本指标分解到每个部门、车间、班组和员工，形成企业成本管理网络。

（3）目标考核：将成本指标与每个人，每个部门的绩效考核挂钩，实行奖惩机制，调动全员节约成本的积极性。

（4）定期培训：定期进行成本培训，使员工体会到为企业创效益就是为自己创收入，建立“成本”“效益”意识。

总之，要有效地控制生产成本，提升效益，导入精益生产，那么每个公司都能找到降低成本提高利润的办法，从而将利润截留在生产线上。

# 第六章

## 利润从“低”到“高”：提升产品的“附加值”

对于一个企业来说，利润是其存在和发展的“生命线”。当然，要获得利润，一方面要降低成本，成本所“省”出来的，全都是利润。另一方面，就是要提升产品的“附加值”，即将产品中融入创新、服务、品质、特色、品牌等元素，让你的产品进行“升级”，提升价值，进而提升企业的市场竞争力。

## 经营中的“二八定律”：抓住关键，创造利润

二八定律也叫巴莱多定律，是由19世纪末20世纪初意大利经济学家巴莱多发明的。他认为，在任何一组东西中，最为重要的只占其中一个极小的部分，约20%，其余80%的尽管是多数，但却是次要的，为此称为“二八定律”。

二八定律在公司中的应用是，利用20%的强势品牌，占有80%的市场份额。一般来讲，只要公司的第一品牌市场占有率比第二品牌高出一倍以上，在行业中就是价值最大的品牌。当然，身为经营者，要想用好“二八定律”，首先必须要清楚公司的20%的核心产品究竟是什么，从而将公司经营管理的注意力集中到这20%的重点经营要务上来，接着就需要采取有效的倾斜性措施，确保重点方面取得重点突破，进而全面带动，取得经营的整体进步。

我们先来看这样一个故事：

吉姆·罗杰斯是世界最著名的投资大师之一，也是著名的金融家、股市常胜将军。每当人们提及他，便会将它与财富联系在一起，因为他拥有富可敌国的财富。

除了投资，罗杰斯最大的爱好就是骑摩托车或开汽车周游世界。一天，他来到了纳米比亚，无意中看中了一颗漂亮的钻石，想买下来送给妻子。这颗钻石，价格当然不菲，店主说要7万美金才可。于是，他便凭着投资家的精明一再砍价，最终仅以500

美金成交。当他回到家欢喜地将之送给妻子时，妻子只看了一眼，便说道：“你上当了，这是假的。”他根本不相信，当他再次来到坦桑尼亚时，将这颗钻石拿给一个钻石商人看，钻石商人看后也大笑一番，说道：“这哪里是钻石，而只是玻璃球。”没想到，一个赫赫有名的投资大师，竟然在一颗钻石上面栽了个小小的跟头。

罗杰斯固然聪明，也很精明，但是因为钻石于他只是外行，所以才上了当。

这件事情对罗杰斯触动极大，他在给自己的两个女儿的信中这样写道：假如你涉入不懂的事物之中，你将永远无法成功。假如你对自己不了解的东西下注，这不叫投资，而只是赌博……

这个故事，告诉我们：一个人想要成功，一定要知道自己的优势在哪里，否则随意涉入自己不“专业”的行为，最终可能会像罗杰斯一样，得到的也只是一颗玻璃球。一个企业亦是如此，要想增加利润，就一定要明白自身的核心业务，并在这上面花费精力，推动企业不断发展。

当然了，每个企业的情况不同，其核心产品的比例不完全是固定的20%，也可能是10%，也可能是30%，等等，这里我们所说的20%只是个概数，管理者要根据企业的具体实际情况实施。在企业中实施“二八定律”，实际上是让公司勇于摒弃“大而全”或“小而全”的经营法则，将主要精力专注于核心业务上面，这是当下经济形势下，企业获利十分关键的一点。

在很多人的观念中，经济型酒店的专精化组织需要提供住宿服务，因此尽可能地简化其他的服务内容，比如餐饮、娱乐、商场等。其实这种观点有些偏执。因为酒店经营与其他类的公司经营情况有所不同，而且不同酒店所面临的内外环境千差万别，诸如自身的优势、客源需求、区位条件、发展历程、行业背景等各不相同，因此，作为一家经济型酒店的专精化经营，一定要选择适合自己的实际情况。

“莫泰 168”自开店以来，不仅有着十分突出的客房销售业绩，其餐饮也异常地火爆。“莫泰 168”是美林阁餐饮有限公司投资并经营的，餐饮是其强项。在经营过程中，投资者更是充分地利用了自己的资源和核心优势，将“美林阁”与“莫泰 168”很好地结合了起来，并重新创建了“美林小厨”品牌。因为“美林阁”原本就是沪上知名的餐饮品牌。所以其有着基本的客源保证，同时也能够方便服务于住店客人。这种餐饮与经济型酒店并举的专精经营模式，使得“莫泰 168”充分地发挥了自身的“美林阁”知名餐饮品牌优势，不仅为酒店招揽了更多的用户，而且还成为了其鲜明的个性魅力。

二八定律告诉我们，将公司有限的资源做专、做精，进而产生口碑效应，提升品牌影响力，是公司长久生存之道，也是增加公司利润，做强企业的关键所在。毕竟，消耗最小化和效益最大化才是公司做强、长久的必由之路。

## 提升品质：利润倍增的保证和基础

在未来的企业与企业之间的竞争，归根结底是品质竞争。许多人将“品质”理解为“产品质量”，这是十分狭隘的解读。品质，既是产品的质量，亦是公司员工工作的质量体现，更是产品竞争力与产品提升利润的重要源泉和基础保证。

当然，要改善产品的品质，经营者首先要更正观念，不要总是抱着“一点点瑕疵无所谓”的老路，也不能走“品质越精良越好”的异路，即指的是勿让企业在品质方面投入无谓的成本。

1. 加强品质管理的意识

“质量”一词在生产管理中经常被提及，即指，一种产品，先有“质”，再有“量”，说明了品质对产品的重要性。要提升产品品质，先要改变观念，让每个员工都树立明确的品质意识。

海尔冰箱也出过质量问题。张瑞敏为了让员工树立品质意识，做出了“将不合格冰箱全部砸毁”的决定。并且规定由生产次品的责任和直接领导一起砸。76 台不合格的冰箱在大捶下一个个被销毁。铿锵有力的大锤声，砸碎了海尔人“一点点瑕疵无所谓”的落后观念，砸醒了干部职工固有的质量意识，也砸出了一个响当当的“海尔”品牌。

将品质意识灌注到每个员工的意识中，才能出高品质的产品。

2. 以客户的眼光，为自己的产品品质打分

在品质管理与控制方式，生产干部不要等客户投诉与品质管理部门的督导，应该自觉依照客户的要求管控在制产品的品质标准。必要时，生产管理人员可以采取自我打分的措施，组织操作人员对产品品质进行自检，用客观方式对在制品进行自我评判。

许多企业在外资企业管理生产时，坚持推行“三检”制度：自检、互检、完检。尤其是自检，让操作员对自己了解本岗位的品质状况，对控制品质稳定相当有效。

“三检”制度实施后，返工现象明显地减少，退货率降为零，

生产成本得到了有效的控制。

3. 鼓励员工对产品倾注热情

很多时候，产品的“品质”都体现在员工对产品的“用心”层面。同一种产品，员工用心做与消极应付，做出来的品质有天壤之别。所以，经营者或管理者要采取有效的管理措施，提升员工的工作热情，将热情倾注于产品，从而提升产品的质量。比如，可以在内部设立奖惩制度，以对员工在质量方面的重视与否进行管理。

世界经营之神稻盛和夫说，对待工作，最重要的就是投入火一般的热情。你对工作若缺乏认真和热情，不管你拥有多么过人的才智，不管你希望拥有如何正确的思维方式，你的人生仍将难见硕果。想要构思情节精彩、布局缜密的剧本，想将剧目大纲变为现实，你需要的就是“极度”认真。他说，要带着爱去工作。爱，是一切的原点。他将心物一体之爱引入一点一滴的工作之中，撞醒了员工生命觉醒的道路。他说：“向工作倾注的爱，就是最好的老师。它能让你倾听到产品发出的‘窃窃私语’，甚至听到产品的‘哭泣声’。当你把一个个产品完全当作自己的孩子，满怀爱，细心观察时，必然会获得如何解决问题、如何提高制成率的启示。”所以，身为经营者或管理者，也应该将“爱与专注”倾注于企业文化中，用来在无形中影响员工。

4. 给那些超越领导期望的优秀管理者升职

刘怡经营着一家小电器制造公司。最近，他的两条生产线上的不良率都超过了 2.5%，并且一直居高不下，已经遭到许多客户的退货诉求了。刘怡很是闹心，再这样下去，肯定要影响自己的声誉。于是，他派检验员小张和小赵，分别前去驻守，希望他们在一个月内，将自己负责的车间不良率控制在1.5%。

小张到A车间后，按部就班开展工作，一丝不苟地检查每一个产品。在检验中发现的问题，小张像往常一样及时告诉车间主任。1个月期满后，小张完成了任务，将A车间的不良率控制在1.5%，然后便拿着数据向刘怡汇报。

其实，小张的做法，代表的是大部分管理者的做事方式，也就是“完事交差”的典型。

小赵到B车间后，除了像小张一样认真地检查每个产品外，他还请B车间主管配合自己，对员工进行品质意识培训，要求大家在工作中做到“三不”，既“不制造浪费，不接收不良，不传递不良”。B车间主管被小赵的诚意和责任心感动了，积极配合他的工作，要求生产线员工严格执行自检、互检制度，将不良率消灭在制造过程中。1个月期满后，小赵也交出了自己的成绩：将B车间的不良率控制在了0.8%以内。

对这两位管理者的表现，刘怡已经明白，他是该好好地重用和提拔小赵了。

这个案例告诉我们，一个人若抱着精益求精的工作态度，像小赵一样积极想办法，相信他一定会超越领导的期望将不良率控制得更好。身为经营者来说，平时要对那些积极想办法解决问题、提升品质的员工给予奖励和重用，这样才能在企业内部营造“积极主动”的工作作风。

总之，得升品质是做大客户，使企业利润倍增的“利器”，当然，要提升品质，并非一件易事，每个经营者都该根据自身公司经营的特点，制订卓有成效的措施，让品质上升一个台阶，也让自己的公司竞争力得到进一步提升。

## 勿急功近利：拿出“匠人精神”去做产品

要提升利润，经营者首要的就是要摒弃“急功近利”的思想，别总想着一味将利益最大化作为最高的追求，甚至不惜牺牲原则和品质。企业追逐利益本是无可厚非的，但是把获取超额利润当成企业发展的唯一动力，就极有可能走上歧途。

上海地铁一号线是由德国人设计的，看上去并没有什么特别的地方，直到中国设计师设计的二号线投入运营，才发现其中有那么多的细节被二号线忽略了。结果二号线运营成本远远高于一号线，至今尚未实现收支平衡。

三级台阶。上海地处华东，地势平均高出海平面就那么有限的一点点，一到夏天，雨水经常会使一些建筑物受困。德国的设计师就注意到了这一细节，所以地铁一号线的每一个室外出口都设计了三级台阶，要进入地铁口，必须踏上三级台阶，然后再往下进入地铁站。就是这三级台阶，在下雨天可以阻挡雨水倒灌，从而减轻地铁的防洪压力。事实上，一号线内的那些防汛设施几乎从来没有动用过；而地铁二号就因为缺了这几级台阶，曾在大雨天被淹，造成巨大的经济损失。

出口转弯。德国设计师根据地形、地势，在每一个地铁出口处都设计了一个转弯，这样做可以省电，省下了运营成本。

一条装饰线。德国设计师们在设计上体现着“以人为本”的思想，他们把靠近站台约50厘米内铺上金属装饰，又用黑色大理石嵌了一条边，这样，当乘客走近站台边时，就会有了“警惕”，意识到离站台边的远近，而二号线的设计师们就没想到这一点。地面全部用同一色的瓷砖，乘客一不注意就靠近轨道，危险！地铁公司不得不安排专人来提醒乘客注意安全。

站台宽度。一号线的站台设计宽阔，上下车都很方便，而当你转入二号线后，就感到窄窄的让人难受，尤其遇到上下班高峰期。在上海这种大都市，二号线站台显得非常拥挤。

站台门。德国设计师在设计一号线时，一是为了让乘客免于掉下站台，二是为了节省站台的热量，每处都设计了相应的站台门，车来打开，车走关上。而中方的施工单位可能是为了“节省成本”，居然没安站台门，当然，更不可能理解德国设计师的用心了。

对比中国铁路设计和德国铁路设计就可以知道，摆脱急功近利的思想能给企业和社会带来多大的好处，当企业将以利为本的指导方针改为以人为本时，才可能在给社会带来福音时，让自己获得更多的益处。

急功近利的本质是贪婪，在贪欲的驱动下，人可以做出很多不近情理的事情，甚至走向疯狂。企业急功近利有可能在生产产品时粗制滥造，全然不考虑消费者的权益，最终因为失去民心而信用破产，短时间内也许企业能尝到甜头，甚至谋取暴利，但是从长远来看其失去的市场份额所能带来的收益要远大于短期的暴利。所以，身为企业经营者，一定要摒弃急功近利思想，而是要拿出“匠人精神”去打磨你的产品，这从短期看可能是不划算的，但从长远发展的眼光来看，却为企业的可持续发展及可持续利润奠定了基础。

日本著名企业“秋山木工”的创办人秋山利辉在带领他的徒弟进入作业场之前，必须要让他们成为一个执着的人。即使是否定，学员也要敢于大胆地说出“请让我再试一次”。如果还是不行，就要拼命地纠缠、想办法，找出让对方指导的方法，直到做到让自己满意为止。一遍又一遍，坚持做成一件事的执着，正是这份“执着”，使秋山木工的多数学徒都成为一流人才，遍布世界各地，也成就了秋山木工企业的一流地位。

在1933年，大川良夫在东京市中野区的“大川蒸笼”第二代继承人。这家老铺近乎执拗地沿袭着1000多年前以上的技术，所制作的蒸笼完全不使用黏着剂，而是用樱花树皮一针一线缝合出来的。

笼型马丢过滤器是一种广泛应用于世界美食舞台的工具。和金属丝做成的过滤器相比，马毛具有很强的弹性，不易切断食物中的纤维，因此口感更佳。不过，事实上“大川蒸笼”真正制作马毛滤网是从2001年才开始的。那一年，爱知县供应马毛滤网的一家作坊突然宣布停业，这项绝活面临失传的风险。无奈之下，大川夫妇两人飞往国外，找到了当时83高龄的马毛滤网专业之人，请他传授他们制作的方法。他们又在当地的民间博物馆里找到了织网机，拍下照片，回到东京后仿制了一台。此后，在不断的重复和改进下，大川终于掌握了编织滤网的技术。要知道，这是一项在300多根经线上每隔2毫米就要织入两根或三根纬线的操作，需要极大的耐心和经年累月的练习。

而如今，会制作这种过滤器的工厂全世界仅有日本才有为数不多的几家，“大川蒸笼”便是其中之一。

埋头钻研技术，几十年如一日，一遍又一遍，坚持将一件事情做到完美，正是当下的多数人所缺乏的一种精神。做事浅尝辄止，疲于应付，不肯钻研也是许多企业经营者的通病，而浮躁的最终结果便是被现实所淘汰。也正如韦尔奇所说，一个人如果围着一件事情去转，到最后世界可能会围着你转；但一个人如果总是围着全世界去转，最终全世界都可能会将你抛弃，做企业亦是如此。身为企业经营者，一定要摒弃浮躁心态，拿出“匠人精神”，踏踏实实地将你的产品做细、做精。

## 利用“特色”造“势”：一旦成势，必将势不可挡

将企业做“小”，关键在于去“重”重“轻”，聚焦核心业务。当一个公司长时间专注于某一个领域时，势必就要对这个领域研究，然后做到细致入微的程度，再进一步做到“不可替代”，这是将企业做强，增加利润的关键所在。比如，可口可乐公司在于100多年的时间里只专一对碳酸饮料进行研究制作，因此，才有了极为广阔的市场占有率，才有了十分可观的利润率，这也是可口可乐公司屹立不倒的关键。可口可乐的成功，在于它的特色：富有特色的口感，独具特色的企业文化，这种无形的东西在消费者心中形成了独特的“识别度”，进而激发他们的购买意识。又比如，肯德基公司及公司的形象设计，全世界的肯德基店面装修一个风格，销的产品差不多，口味一样，这种特色的东西形成了肯德基特别的识别方式，这些“特色”是其产品走向市场，牢牢拴住消费者的最主要的法宝。

其实，在市场上，富有特色的公司才能被消费者识别和认同，一个毫无特色的公司要想走向消费者只能是一厢情愿。试想一下，毫无特色，没有与众不同的东西，其本身完全就是个大众化的东西，满大街都能找出同类的替代品，那么，有谁会记住呢？消费者如何会认同呢？如果消费者就不认同，不需要，那么公司又何必增加供给、扩大生产规模？公司的利润又从何来呢？所以说，有特色的产品是公司实现利润可持续增长的必要条件。世界上一些著名的品牌公司之所以能够通过连锁、加盟、特许等手段，不断地扩大经营规模，令其他公司望尘莫及，就是因为其产品特色产生了市场需求。这便是《孙子兵法》中所讲的“势”。一旦成势，必将势如破竹、势不可挡。

在当下多变的市场经济条件下，人云亦云，亦步亦趋，盲目跟风，缺乏特色，只有死路一条。为此，身为企业经营者要根据自己对市场的预测和行情的把握，以顾客的需求为中心，运用智慧，注重“特色”，这样方能开创出一片灿烂的新天地。

丰田汽车公司所迈的每一步，都能够另辟蹊径，以奇制胜。

丰田公司在经营的时候，发现这样一个问题，世界上有许多人都想购买奔驰汽车，但是因为价格太高而无法实现。于是，丰田公司的工程师就决定放手去开发另一种廉价的汽车，凌志汽车。

在激烈的市场竞争下，如何将凌志汽车打入市场是一个大问题。后来，丰田公司就想出了一个“奇”招：在美国宣传凌志时，将其图片与奔驰并列在一起，用大标题写道“用 36000 美元就可以买到价值 73000 美元的汽车，这在历史上还是第一次。”而且让各地的经销商列出了潜在的顾客的名单，并送给他们极为精美的礼盒，内装展现凌志汽车性能的录像带。录像带中有这样一段的内容：一位工程师分别将一杯水放在奔驰和凌志的发动机盖上面，当汽车发动之时，奔驰车上的水则晃动起来，而凌志车上的水却没有动，这就告诉人们一个信息，凌志的发动机在汽车行驶时更为平稳。面对这一突如其来的挑战，奔驰公司也开始考虑其接下来的新战略。

出人意料的是，奔驰公司并没有采取跟随降价的办法，而是相反，抬高了自己的价格，对此，奔驰公司的解释只有一句话：奔驰是富裕家庭的车，与凌志车不在同一个档次。奔驰公司认为，如果降价，就等于承认自己的定价过高；而如果保持价格不变，其销售额也会不断地下降，只有提高价格，增加更多的服务项目，比如免费维修 6 年，才可以巩固奔驰车在原有市场上的地位。

这一举动出台之后，奔驰公司随即摆脱了来自凌志的挑战，销售额丝毫没受到影响。

面对凌志的挑战，奔驰公司不是盲目地跟从，而是以超常思维和手段，另辟蹊径，化被动为主动，取得了成功。

“物有所始，必有所终”。在激烈的市场中，没有一劳永逸的神话，没有永恒的产品和市场，只有永恒的市场变化。一个企业经营者，必须要永远地应付各种变化的情况，迎接全新的挑战，在人生的跑道上面做一个永远的赛车手。

《孙子兵法·虚实篇》中讲到：“兵无常势，水无常形，能因敌变化而取胜者谓之神。”言下之意，就是要我们观念灵活一些，思路宽广一些，面对复杂、多变的市场，能随机应变。在市场经济浪潮中，谁能随市场的变化而另辟蹊径，谁就是高明的人，谁就能立于不败之地。

在美国，有40%的女人都因为太胖而使臂部太过大，而无法穿裤袜，对此，她们都忧心忡忡，也不敢轻易穿裤袜，认为裤袜会使苗条的妇女看起来更为健美，但是却会使身材肥胖的人看上去更加的臃肿。

美国的许多生产裤袜的厂家，都认为胖女人不会穿裤袜，更不会买裤袜，所以，这个市场没有什么机会的，长时间没有人去开发这一块市场。但是雪菲德公司则是通过市场调查的资料进行分析，得出了一种与众不同的意见，正是因为这些肥胖女人目前不穿裤袜，是一块处女地，所以，就瞄准了这一市场，认为大有开发的前景。他们认为如果放弃这个40%的市场实在太过可惜，于是，就决定抓住这个机会，开辟全新的销售市场。

于是，雪菲德公司就开始招集最优秀的设计员，专门为胖女人设计出一种名为“大妈妈”型的裤袜。接下来，该公司为“大妈妈”型的裤袜开始大做广告。在广告中，有3位胖墩墩的妇女穿上他们生产的裤袜排成一线，标题赫然写着“大妈妈，你真漂亮”几个大字。3位胖妇女，面带微笑，仰头挺胸，他们的臂部看起来很肥，但是穿上裤袜之后，从侧面看上去不但没有肥胖的感觉，而且让人觉得她们很快乐而且充满自信。

广告发布后的第一个月内，雪菲德公司就收到了7000封赞誉信，而且商店里胖女人买裤袜的争先恐后，赢利大增。雪菲德根据市面上的调查资料，打破胖女人不穿裤袜的观念，独具慧眼地捕捉到极具潜在效益的机遇，为特殊顾客着想，特意为胖女人设计裤袜，奠定了该公司在裤袜市场的新地位。

当公司的经营规模缩小，聚焦于核心产品时，除了要靠品质外，还要靠“特色”制胜，也是企业获得利润的源泉。这就要求企业经营者要有“钻”劲，拥有灵活的头脑与敏感的市场反应能力，敢于打破思维定式，这样才能捕捉到潜在的商机，打破常人所不能为，以特色制胜，赚别人赚不到的钱。

日本“理光”公司的创始人市村清有一句名言：“行人熙攘的背后有蹊径。”意思是说，人家都在走的道路前端不会有“金山”等着你，要到那些不为人注意的地方才有可能让你发财致富，要善于另辟蹊径，与众不同，别出心裁，独树一帜，才是可持续发展之道。

## 持续创新：利润增长的“金钥匙”

对企业经营者来讲，创新是永恒的话题。企业要赢利，要追求高利润，除了做专、做精、做特色外，还要坚持走创新之路。否则，不创新，不仅意味着利润降低，还会将你淘汰出局。

19 世纪初，美国福特汽车制造公司依靠创新，生产出了操作简单、坚固耐用、耐得住颠簸且低价的“T”型车，这使福特汽车很快占据了世界汽车市场 68%的份额，为此，福特被称为当之无愧的“汽车大王”，他不但给美国装上了车轮子，甚至可以说，是他将人类社会带入了汽车时代。但是后来，福特的创新却逐渐走向了教条化。

20 世纪 20 年代，美国进入了大众化富裕时代，福特却仍认为应该勤俭生活，继续拼命生产 T 型车，提高质量，降低成本。

但当时的美国人更需要的是速度、造型、环保以及个性化，需求越来越多元。但固执的福特汽车依旧颜色单调，而且耗油量大，排气量大，完全不符合日益紧张的石油供应市场和日趋严重的环境保护状况。

小福特建议老福特推出豪华型轿车，却不为采纳，老福特甚至亲自用斧子劈毁了儿子的新型车。而通用汽车和其他几家公司则紧扣市场需求，制定正确的战略规划，生产节能低耗、小型轻便的汽车。在20世纪70年代的石油危机中，通用汽车一跃而上，而福特汽车却濒临破产。

老福特这才意识到自己的错误判断，转而根据小福特的意见推出豪华型轿车。但是先机已失，老福特感慨地总结说："不创新，就灭亡。"

直到今天，福特汽车也没有回到它昔日龙头老大的宝座。

这说明，品牌对一个公司固然重要，但是如果缺乏创新，没有竞争力的产品做支撑，品牌的力量也会显得苍白无力。在这个多变的经济时代，竞争越来越激烈，想让一个企业在竞争中占有一席之地，最好的选择就是不断去创新，真正做到人无我有，人有我优，人优我精。一个毫无创新的企业，犹如一潭绝望的死水，没有办法向前流动、向前进。"一招鲜，吃遍天"，许多企业之所以能在风云变幻中屹立不倒，不断发展，在于它们拥有自己的、领先于他人的核心技术。很多时候，用钱能买到的往往只是产品，而产品的制造过程、核心技术并不能买到，当然这也是一个企业的非卖品，是它们赖以生存的根本。

作为经营者，要深刻认识到创新对于一个企业未来走向的重要作用，要有一双善于发现问题的眼睛，在观察中捕捉灵感，在生活中发现商机，进而提升利润。

有一次，海尔冰箱海外产品经理邵宏伟来到英国曼彻斯特小镇，在住户家中，他也会帮着干点活，与住户讨论有关冰箱的使用情况。

在与住户的交流中，邵宏伟发现了一个问题，住户家中的冰箱高度比预留的空间高度矮了不少，让人看上去感觉很不合理。原来，该住户喝啤酒时喜欢加冰，本想买一台带制冰机的对开门大冰箱，不过这种大冰箱根本进不了家门，在预留的空间位置更是放不下。到头来，他就只能买一台较小的冰箱。邵宏伟还发现，该住户喝啤酒时只能加冰块，如果想加冰屑的话就必须用刨冰机把冰块打碎，这样就十分麻烦。

这一情况激发了邵宏伟的研发灵感，回国后他立刻指导研发。2004 年 8 月，海尔推出了“专为英国用户设计的超薄对开门大冰箱”——它的宽度刚好可以进入英国住户的家中，而且，它的制冰机能制取冰块和冰屑。

这款冰箱刚在英国市场上市，就接到了占当地大容量冰箱 40％份额的订单。

管理学大师德鲁克曾经指出，“管理是一种实践，其本质不在于‘知’而在于‘行’，其验证不在于逻辑而在于成果，其唯一权威是成就”。作为一个管理者，要善于创新，敢于创新，有一双善于发现、善于观察的眼睛，从一些细微的、容易被人忽视的地方发现可以有所作为之处，这样才能不断激发自身的创造性思维，为企业的发展提供帮助。另外，企业在坚持创新之路时，要注意以下几点：

1. 创新要结合企业现状

企业没有设施、机器、工具等，能使用的，就不要重复购买。本单位技术人员能任用的，就不要外请。这样就能将创新投入掌握在可控状态。

2. 将创新聚焦在关键点上

中小企业在实施技术与研发创新时，摊子不能铺得太大，创新项目太多时，要认真地权衡和斟酌，并且按照类型、紧迫程度、资金投入数额、创新后给企业带来的价值等要素，进行归类、排序，将创新目标聚焦在一个或几个点上，分批次、分阶段地实施。

3. 着眼于市场的创新，才更有意义

在市场经济条件下，一个企业想要获得长远的发展，就需要有自己的核心竞争力，这样才能在激烈的市场角逐中满足消费者的需要，吸引消费者的眼球。不管是什么企业，最终目的都是要让自己产品走向市场，拥有自己的消费人群。

1987 年，美国铱星公司开始“铱星系统”计划，1998 年 11 月 1 日投入运营，开创了全球个人通信的新时代。这是一系列尖、高技术的结晶，它的目标是建立一个把地球包起来的“卫星圈”。在铱星的广告词中，通话网络将会覆盖世界的每一个角落。当然，“铱星系统”计划也曾被很多人看好，是外界公认的现代通信的一个里程碑。不过最终还是没能逃脱失败的结局。2000 年 3 月 18 日，铱星公司宣告破产，一个耗资 50 多亿美元的“铱星系统”从此也就淡出人们的视线。

铱星公司走向失败的原因是多方面的，决策失误、营销观念落后、债务危机等都是造成其失败的原因，不能满足市场需要也是其中之一。铱星公司曾经错误地认为，只要技术先进，价格并不会影响消费者的购买欲望。现在看来，这种观点显然是不对的，消费者更喜欢物美价廉的产品，虽然铱星的高科技含量深受好评，但价格高、话费高成了铱星的一块硬伤，对许多的普通消费者而言，只能是可望而不可即，而且，会有多少人需要在哪些不毛之地通话呢。到2000年3月，铱星系统的全球用户只有5.5万个，而中国的用户不到1000个，而在铱星方面的预计中，仅初期在中国市场就要做到10万用户。铱星要想实现赢利最少需要65万个用户，5.5万与65万显然相差太大。所以，科技再新潮也要满足市场的需要，从消费者的真实需求出发，只能满足很小一部分人需要的产品难以占领一块市场。

4. 鼓励员工参与创新

一个企业的发展需要发挥全体人员的作用，有发展方向的制定者，就有展开工作的执行者。在员工执行任务的过程中，管理者也应鼓励他们参与创新的过程。比如某个问题每次都是采用同样的办法去处理的，这次换个方法行不行呢？在产品的生产过程中，员工提出了一些新的、有益的想法，可不可以采纳呢……不要认为他们是“不务正业”，以为按照操作手册去执行就可以了，管理者应该鼓励他们参与创新的过程。

# 第七章

## 用客户需求来引导经营：不在价格上竞争，要在价值上竞争

企业是时代的产物，必须与时俱进。如果跟不上时代的发展，就会被淘汰。而要跟上时代的步伐，则需要颠覆自己传统的观念，让企业在创新甚至颠覆中，方能保持稳健的发展。对于企业来说，互联网时代，给我们带来很大的机遇，也带来巨大的挑战。最核心的变化就是营销的碎片化。过去营销是整体的，现在是碎片的。需求是个性化的，不再是出来一个流行产品，大家就都跟着走，而是每个人都有自己的个性化需求。因此，要跟上这个时代，企业必须要颠覆三大观念，即颠覆用户观念，颠覆营销观念，颠覆制造观念。

## 提升顾客的“忠诚度”：设身处地为客户着想

将“客户做大”，并不单单指通过狂轰滥炸的营销模式扩大目标客户群，而是提升客户的“忠诚度”。在现代多变的经济形势下，对于企业来说，开发客户难，留住客户更难。客户忠诚度已经成为同质化时代企业所追逐的主要目标之一。

在以往的经济模式中，公司想要获得用户的忠诚度，首先要做的就是提高产品质量，而现在需要做到尽心尽力地为顾客服务。在今天这个市场化时代中，追求用户忠诚度成了商业中永不过时的哲理，麦克尔管理咨询公司的副总裁鲍伯·威仑德说：“规程发生了变化，产品来了又去，今天的商业价值是以与用户的关系来衡量的。”可见，当下维系公司的生存和发展，不能仅仅看成将一款产品卖出去，而是要为客户提供一种增值的服务。那么，在现实操作中，企业应如何去提升客户的忠诚度呢？

1. 知己知彼：了解自己的产品，了解顾客

在古希腊圣城德尔斐神殿中刻着这样一句话：“认识你自己”，后世常用它来做修身警句。这句话不但对个人修为有益，对企业的发展同样有益。一个企业除了对自身必须要有正确恰当的发展定位外，它本身以及所有员工都必须充分地认识和了解自己的产品，尤其是服务人员应该尽可能地了解企业的产品或服务等，只有这样才能更好地为顾客提供相关的服务，从而增加顾客的信赖感。

服务口号留不住顾客，企业要走出自己的世界，全方面地站在顾客的角度，应以满足客户的需求和期望为目标，有效地消除和预防客户的抱怨和投诉、不断提高客户满意度，促使客户的忠诚，在企业与客户之间建立起一种相互信任、相互依赖的“质量价值链”。

另外，企业也要尽可能地了解客户的潜在需求、消费习惯、服务预期和接受服务的方式等等。只有倾听客户的声音，找到其不满的根源所在，让顾客和服务的提供者相互了解，服务过程才会变得更加顺畅，服务的失误率也会下降。由此，为每个顾客提供服务的成本就会减少，反过来企业的利润就会增加。

吉尔·博尔特是德国一家洗涤产品的创始人和大老板，是世界最大的洗涤产品制造商之一，产品畅销全球。在现实生活中，吉尔·博尔特其实是一个平和而普通的人，是一个体贴的丈夫和慈爱的父亲。但令人出乎意料的是，就是这样一个世界集团总公司总裁，每天必须干的一件事，就是亲自管理他的 twitter 账户，并且对当下的一切社交网络工具了如指掌。他说这个世界已经变了，有了互联网之后，产品的信誉建立在 word of mouth 之上，任何人都可以提出表扬，也可以指出批评，并迅速影响品牌形象。

他说，批评其实比表扬重要得多，他经常在 twitter 上看到负面的评论，这时候该怎么做？绝对不能删那些评论！把他们大大方方的摆在那儿，私下回复给那个人，和他交换意见，虚心接受，沟通解决方案，这是唯一将负面评价转换为正面的最有效方法。吉尔·博尔特说这个的时候，虽然是从商业的角度出发，但是了解 branding 的人都知道，每一个品牌的形象都像一个人，而每个人都象征着自己的品牌形象。而不懂得这样做不是由智商决定的，而是情商，唯有了解他人，角色互换地去思考，才能一点点地征服别人，取得信任，赢得属于自己的成功。

可见，敢于正视别人的批评、不屑，同时，又能从别人的角度出发，设身处地地为对方着想，是高情商的重要表现之一，拥有这种素质的人，最能赢得他人的青睐和信赖。所以，企业一定要时时设身处地为顾客着想，那么，你的客户也会回报给你。

2. 重视对客户需求的调查分析

让客户告诉你什么样的产品和服务对他们是最重要的，并指出每项产品和服务的重要程度；分析所有的客户接触点的机会，思考如何才能沟通、服务好客户，分析客户的选择和行为方式，为他们提供更多的选择，更好地迎合他们的需求；让中间商告诉他们需要什么样的资源，你如何才能帮助他们销售并对其客户进行营销。

同时，也要关注、询问客户的再购买意向，他们是否会将公司推荐给朋友，是否相信公司以及他们是否感到公司及时回复了他们的问题，并关注他们的需要，这既是企业发现自身问题的关键，也是发掘潜在客户的重要方法。

3. 不断提升服务质量

企业的服务应该致力于为顾客创造愉快的购买经历，让顾客的购买和消费变成一次次愉快的交流和经验。“没有最好，只有更好”，只有“我们一直在努力”的服务精神，不断地超越顾客的期望值。绝对不可以小视客户的“口耳相传”的广告效应。

此外，企业要提升客户的忠诚度，还要努力探索“增值服务”。整合利用企业的一切资源，根据客户需求和具体问题提供科学合理的解决方案，以客户增值体验为中心，引导客户的需求。

4. 重视客户的投诉

重视客户的“抱怨”，并对其进行登记分类，公司要在引起客户不满和客户流失之前就要发现这些抱怨，这样对公司是有利的。一个经常被业界津津乐道的研究说的是，通常在 25 个不满意的顾客中有一个人会去投诉，其他 24 个则悄悄地转移到了其他企业的产品或服务上面。因此，调查客户流失的原因，思考如何予以挽回，远比穷于应付投诉更为重要。

一般情况下，一个对服务感到不满的顾客，在问题得到满意解决之后，往往更容易成为企业最忠诚的顾客。所以，公司一定要重视和善于处理客户的抱怨或者投诉，提供优质的服务，让他们感到自己的问题被重视，然后被解决。

## 客户的这些“逆鳞”触碰不得

要最大限度地满足客户的需求，除了为客户提供令其满意的产品外，还要注意切勿触碰客户的“逆鳞”，即做出违背客户意愿或期望的事情。

1. 多数客户都讨厌电话被“仓促”转接

多数客户联系你若是为了了解你的业务、产品、价格等基本信息，他最想一下子从第一位接线员那里得到相关信息。然而，如果客户想要更为专业的建议，他就并不期待第一个接线员回答所有的问题。在此情况下，一个电话转接可以让客户感到安心，因为他将连接到某个专业的“对的”人那里。

实际上，最能让客户感到满意的实践方案便是进行一次独立的通话，紧跟着进行温暖的移交，同时第一个接线员始终留在线上面，确保客户得到了其最需要的回答，并且在转接途中向其他的联系员解释客户打来电话的原因。

虽然上述过程看似简单易行，只需要标记好每一位员工的职能责任范围，用类似组织图一样的简单的基础设备就可加以实现。然而令人惊讶的是，企业往往无法提供这种完善而优质的客户体验。

2. 客户最厌烦在拨打客服电话的时候收到推销

这是很多企业都存在的问题，在客户拨打的客服电话中植入推销广告，因而错失了在触点互动中留住客户的机会。所以，在与客户交流中，绝不要尝试向客户推销某物直到你已经掌握客户的满意度，无论客户最初拨打电话的原因是什么。即使是推销，也不要对客户进行一次广泛的、毫无针对性的、笼统的推销方案，因为这会让客户感到自己不被重视。

3. 客户不想要提供自己的个人信息

在当下信息社会，很多企业总是宣传要对个人信息进行有效利用，对此，公众对其关注度也日益地增长。所以，若客服向客户索要个人信息或者企业做出泄露客户信息的事情，会让人生厌。当然，这里的隐私不仅仅限于通过侵犯隐私、身份信息、电话号码、邮寄地址与邮箱或互联网 IP 网址从而冒犯和骚扰你等真实案例。

4. 道歉是永远不够的，所以我们别这么做

当客户的利益受到损失或损害时，很多企业普遍采用的方法

是道歉。可实际上，客户并不想要道歉，他们只想企业对他们的损失进行补偿。在许多企业中，企业不仅仅从文化上认同这个说法，并将其付诸实践，员工们从不愿意承认错误或为过失负责，害怕那将只会让客户感到委屈并将在迟一些的时候想个办法来找他们的麻烦。

这几乎是完全错误的。事实上，客户们曾反复地表示：在过失发生之后，企业能做的最有效的事情就是承认它——并且道歉。而为了产生最大效用，道歉应该和保证同时进行，企业需要表示自己已经采取行动来保证不会再次发生相同的过失。举个例子，当我们在客户互动过程中道歉的时候，随后寄出一封管理层签署的信件，说明公司已经确认了过失发生的原因并正在进行补救措施，这么做将确实地提高客户忠诚度。企业对过失的响应和改正往往令客户感到高兴。这类案例中的客户流失率往往比没有发生客户体验问题的要低。

5. 客户不希望电话打到家里——总是如此

许多不同行业的客户之所以认为不希望在家接到电话是因为这些来电几乎总是笼统的营销项目，而并没有针对其具体兴趣。当拨打进来的电话没有什么有针对性的具体内容，而是某个大型营销活动的极小的一部分时，客户感到厌烦：“别再打电话介绍你的游艇保险特惠了，我根本没有游艇!”

然而，如果客户拥有某些投资产品，或者某些即将发生的事情会影响到他们自身：比如新的税收法案对其纳税所产生的影响，他或她实际上对收到一个有的放矢、个性化、针对个人的推销心存感激。值得注意的是：“晚餐时间除外——毋庸置疑。”

## 以优质的产品和服务打动客户

科技的发展致使大多数产品都会被轻易地复制、模仿，并让竞争对手们能够在短时间内制造出升级版的产品。这使许多企业都陷入“价格”战的沉重消耗中。比如，市场上种类繁多的家电产品，许多厂家为了提升市场占有率，便不惜下血本，降低价格，与同行打“价格战”。其实，这种行为是偏离了以客户为中心的商业活动。因为任何一款商品，一旦卷入“低价”营销中，那一定会牺牲掉产品的品质，最终受害的、上当的、吃亏的都是贪一时便宜的客户。对于公司来讲，商品营销不行，但若搞甩卖，总想着捞点钱来救命，可能一时会吸引客户，但当用户发现你的产品质量不过关或服务差的情况时，该产品在用户心中便会产生不好的印象，这等于是商家在自毁品牌，是极为危险的行为。

华为董事长任正非说：“商业活动的基本规律是等价交换。如果我们能够为客户提供及时、准确、优质、低成本的服务，我们也必然获取合理的回报，这些回报有些表现为当期商业利益，有些表现为中长期的商业利益，但最终都体现在公司的收入、利润、现金流等管理结果上，那些持续亏损的商业活动，都是偏离了以客户为中心的。身为管理者，要树立以优质的产品和服务打动客户，而不以低价去吸引顾客。”爱因斯坦说过，愚蠢，就是用同一种方法一次又一次地做一件事，却期待有不同的结果。而企业以低价和与同行打“恶战”的方式去“抢”客户，无异是爱因斯坦所说的愚蠢行为，这种做法终究是没有出路的。

华为总裁任正非在一次讲话中，曾说过这样一段话：

企业的“寒冬”真的来了，谁能取胜？无非是质量与成本取胜，谁的质量最优、成本更低，谁的响应最快捷，谁就能渡过难关。所以对企业来说，最为重要的问题就是抓质量、抓成本，之后才能在技术创新方向上探索。支撑技术创新的基础支柱是：质量、成本、时间。如果离开质量、成本、时间，就毫无技术创新的价值了，绝不能为了创新而创新。科研的胆大与谨慎要并存，在花钱上要大胆，在质量与技术认证上要谨慎。

抓质量问题就要“板凳要坐十年冷”。质量第一、功能第二、技术第三，一定要注重客户的需求。客户的评价标准是觉得质量很稳定，功能很好，技术还先进，这就是好。……华为将在市场上的竞争不靠低价取胜，而是靠优质的服务取胜，这就需要依靠服务职业化来保证。这些年来，我们能够在竞争中生存，也是因为我们有“服务好”这一条。

哈佛写的华为案例中，总结华为公司之所以能够在国际竞争中取得胜利，最为重要的一点是“通过非常贴近客户需求的、真诚的服务取得了客户的信任”，这就是整个华为公司的职业精神。其实，对任何企业来讲，提升产品的品质与用服务打动客户，是最根本的出路。

在20世纪50年代初，战后日本产品的质量相当地糟糕。当时西方文献记载：“他们出口的玩具用不了多久就会出现质量问题；他们出口的灯具寿命短得让人无法接受。”这时候的日本，一方面受限于被战争摧毁的工业体系，一方面也被国际上其他制造商所压制。艰难的发展使日本企业开始意识到劣质产品造成的恶劣口碑会成为日本企业在国际市场上发展的巨大障碍。为了改变这一现象，企业们决定实施质量变革。

日本企业家们从美国引入了先进的质量管理体系，并特别重视质量控制过程中的统计方法。成立于40年代的日本科学技术联盟，设立于1949年。该组织主要由企业、大学和政府人员构成质量管理研究小组，并定期开办“质量管理基础课程”，将小组的成果传达给产业界，于20世纪90年代中期举办90期，约3万人参与学习，这些人员成了日本企业质量管理活动的主力军。

经过一系列的改革，在日本的优秀经营者的带领下，日本制造业通过考验，那些注重质量提升的企业最终打败了那些不善于改善生产质量的企业，得以存活下来。“改善”“即时生产”“看板式”“精益生产”等诸多享誉世界的现代日本生产模式，从这时候开始，才由“很容易坏”变成了“设计质量高”的一个品牌，而品牌的设立，才意味着崛起，这是在很多日本企业之间惨烈地竞争、死亡、优化效率，大量关闭产能才最终换来的结果，这也是得以在世界工业中崛起的根本原因。

德鲁克说，企业想要不断发展必须不断地寻求新的方法来实现差异化发展和构建竞争力。但是无论如何改变，都离不开两点：提升品质和时刻为客户着想。的确，企业的利润主要源于客户，与其以低质量、低价格产品去行为去短暂地迎合消费者的心，不如想想如何通过提升品质和提升服务质量，让消费者如何更放心、安心和舒心。所谓的“专注于客户”“全心全意服务于客户”，就是要一方面抓产品的质量，另一方面构架服务体系，通过与客户的每一次互动，让他们体验到独树一帜的服务质量，对于企业的可持续发展和成功至关重要。

## 以客户为导向：将经营决策权交给“市场部”

传统的商业模式，是企业经营者或管理者决定生产什么样的产品，然后再设定生产计划，再进行销售，然后再面对顾客产生利润，这样一个商业生态系统。那个时候，生产的决策者与顾客之间是毫无关联的，而如今，生产厂家则可以直面消费者，商业生态系统的沟通变得极为便捷，可视化、平台化的交易模式令商业模式变得极为公开、民主。所以，未来的公司不仅仅为顾客提供产品的销售，更多的是需要为用户提供“软性”服务与其他的增值服务，从而满足用户的个性化需求，以此获得更多的价值，这也被称为“软性制造”，就是需要公司建立起以用户为中心的商业模式，即以客户的需求为生产导向，为他们提供高价值的“软服务”。

近几年，消费者对手机使用的需求已经由传统的“打电话、发短信”，演变为“娱乐与心灵沟通”的工具，诺基亚不顾消费者的需求，仍旧推出号称“待机 35 天、防水防摔、售价 162 元”的 1050。当全球的苹果手机粉丝们争先恐后地追捧售价比“诺基亚 1050”高出 50 倍的苹果手机时，诺基亚在一片惋惜声中被微软收购。

网上下载一部电影到电脑上看，几乎不花什么钱。而这并不影响一张 IMAX 电影票卖到 100 元上下，也没能够影响中国电影总票房达到数百亿的高产能，成为世界第二大电影市场。因为消费者“买票看电影”这一消费行为背后有着十分清晰的需求，排名前两位的需求分别是“与异性在电影院看电影时的情感满足”和“追求视听效果”，这就是顾客的“软性需求”，这种需求往往带有“高附加值”的性质，当然，给公司带来的利润也是十分可观的。

在互联网时代，公司与消费者之间的距离被拉近，企业的主要功能已经由原来的为顾客提供产品，已经上升到为顾客提供“高价值的服务”。阿里巴巴在海外上市的当天，马云接受记者采访时，有句话让人印象深刻：“让你的顾客爽，而不是让你的老板爽”。如果企业能够随时随地根据顾客需求的变化调整新产品策略的话，那么诺基亚、柯达与索尼的命运可能会不同。顾客会通过手中的钞票“投票”，来告诉你一个真理：满足顾客需求与否，是判定产品“高价值”与否的唯一标准。所以，企业经营者，应该改变原来的供需生产模式，而应将精力用于研究顾客的需求方面，将触角延伸到市场中去，触动消费者的灵魂的“消费者需求洞察”，将决策权交给顾客，交给企业的市场部门，否则，只通过技术研发部门妄谈“高价值产品”，几乎是不可能的事情。

当然，让企业真正做到“以客户为导向”，就需要建立以“市场部驱动”的价值连接体系。

在现实中，许多企业总是很难找到“消费者需求洞察”，即便他们找到更好的“顾客需求洞察”，也难以实现“客户需求”与“产品研发和技术部门”的无缝链接，难以开发出“高价值产品”，因为很多企业，在公司组织结构设立的那一刻，便埋下了产品失败的隐患。

产品要基于“消费者的需求”，那么，产品的生产与研发就必须由“最了解客户需求的市场部”来负责，而绝对不是研发或者技术部门。

大多数世界500强企业都是“市场部驱动”型的公司，市场部英文原文是“Consumer Marketing Dept”，意思即为“消费者研究市场部”。这种市场部最重要的职能不是打广告、发货员，而是基于对消费者需求的洞察，拥有公司产品的研发和生产的决策权，从而让研发部全力配合，持续不断地为公司产品注入新鲜的血液。

建勋是广州一家知名化妆品公司的老板，在2003年时，建勋曾在营销方面花了大价钱，请某知名影星代言打广告，可消费者却始终不愿埋单。与欧美那些大品牌相比，该化妆品品质并不差，而且价格相对较低，但始终引不起年轻消费群的兴趣。在2005年时，该化妆品公司库存积压极为严重，亏损严重，已经到了濒临破产的边缘。

在此情况下，建勋邀请某知名营销专家，对企业内部进行了整顿和调整，建立了以“市场部为核心”的组织结构。以前，该公司的市场部根本完全不参与和负责产品的开发，而是帮销售队伍印POP、做促销、办展会，应对广告公司的推销，充其量只是个“销售支持部”。而此时改革后，就是让“市场部”参与市场调查，通过问卷调查与网络对话的方式，与消费者进行零接触，了解目标消费群的内在需求，然后再将消费者提出的问题与不接纳产品的原因进行细致分析，得出结论，将此结论反馈到研发部和技术部，对具体问题进行解决，并且重新设计包装，然后推向市场。

该营销专家针对此项改革，形象地说道：“如果将公司比作一列火车，那么‘轨道’便是‘顾客需求’，‘市场部’就是‘火车头’，其他各个部门则是火车的各节车厢，都要跟着‘市场部’引领的顾客所需求的方向走。‘市场部’找到现有或潜在的顾客需求后，再根据顾客需求开发产品，那么技术部、研发部、生产部、采购部、财务部围绕这个产品开发做支撑；人力资源部要根据新的方向相应地调整销售和市场部人员的招聘、培训和绩效考核内容；销售部通过渠道经销商推广把产品摆到货架上，那么顾客面前的这款产品才有可能是顾客早就想要，而其他竞争对手没能提供的。”

由此处可知，市场部作为引领各部门的“火车头”，并非是因为“市场部”有多重要，而是顾客需求决定着企业的兴衰成败。

当然，对很多企业来讲，建立以“客户需求为核心”的经营模式，并非是一句空话，需要企业在组织机构上进行调整和改革，建立以“市场部”为龙头的组织架构，这样才能在体制上避免“搞研发的不懂市场、懂市场的不负责研发”的麻烦。

## 发挥市场部门的“火车头”作用

建立以客户为需求导向的经营模式，充分发挥市场部的“火车头”作用，对经营者而言，绝不意味着经营者只需将生产决策权下放给市场部就算完事了，还需要增强“市场部”的能力。因为要洞察消费者的需求，对于市场部而言，绝不意味着去做几次调查问卷、与消费者零距离沟通那么简单。要知道，顾客的需求是有“个性化”差异的，要真正地触摸到目标消费群体的内心，就需要专业的品牌经理人能够对顾客的需求做出科学的分析。

某家中端酒业生产厂家的老板，为了紧密结合市场，迎合消费者的需求，该厂家的老板亲自出马跑市场、尝口味、出创意。然后再给生产部下命令。这也意味着，该老板担任着“市场部总监”，同时也兼任市场部经理、产品经理、市场调研经理三个职位，这让老板心身疲惫。另外，因为老板是行外人，对顾客心理分析方面做得不够专业，同时对产品的口味定位也有些模糊不清，这致使整个公司的运营效率变慢，使以顾客导向为中心的市场部变成了“鸡肋”。

很多家公司，尤其是中小微型公司为了与市场接轨，老板便会亲自担任“市场经理”，去做市场调查，然后再反馈给公司生产部门。这种做法的确可以节省用工成本，但是，很多时候，老板因为知识或能力有限，在“顾客需求分析”“产品开发”等方面的认识有所欠缺，做出的各种分析可能不太确切。所以，聪明的企业经营者，应该请行业中比较专业的“市场经理人”来担任市场总监的职位，这样可以使企业“稳、准、狠”地抓住消费者的需求，做出“高附加值”的产品来。

一般来讲，市场经理人的工作是从最基本的顾客需求分析开始的。他们会借助十分专业的第三方大数据，找出“消费者的真正需求”，他们往往具有专业的顾客心理分析知识，能够准确地作出判断。另外，“市场经理人”还懂得如何跨部门、跨团队地与科研部、生产部、财务部门等沟通协作，顺畅地完成新品的开发与上市任务。所以，具有发展眼光的经营者，会聘请专业的市场经理人，担任市场总监，组建“以顾客为导向”的市场部，并将权力下放给他们。

那么，在现实中，市场经理人如何能顺畅地实现顾客需求与技术、生产部门的无缝对接呢？

看下面具体的流程图：

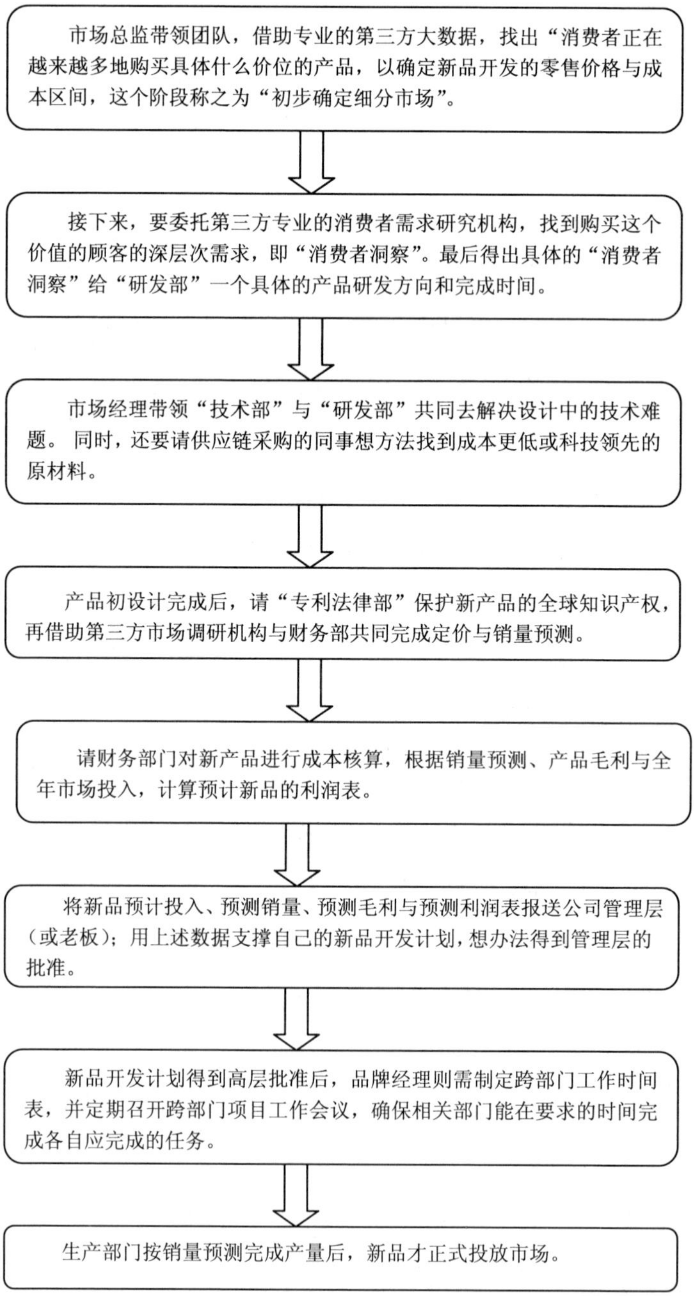
市场总监带领团队，借助专业的第三方大数据，找出“消费者正在越来越多地购买具体什么价位的产品，以确定新品开发的零售价格与成本区间，这个阶段称之为“初步确定细分市场”。
接下来，要委托第三方专业的消费者需求研究机构，找到购买这个价值的顾客的深层次需求，即“消费者洞察”。最后得出具体的“消费者洞察”给“研发部”一个具体的产品研发方向和完成时间。
市场经理带领“技术部”与“研发部”共同去解决设计中的技术难题。同时，还要请供应链采购的同事想方法找到成本更低或科技领先的原材料。
产品初设计完成后，请“专利法律部”保护新产品的全球知识产权，再借助第三方市场调研机构与财务部共同完成定价与销量预测。
请财务部门对新产品进行成本核算，根据销量预测、产品毛利与全年市场投入，计算预计新品的利润表。
将新品预计投入、预测销量、预测毛利与预测利润表报送公司管理层（或老板）；用上述数据支撑自己的新品开发计划，想办法得到管理层的批准。
新品开发计划得到高层批准后，品牌经理则需制定跨部门工作时间表，并定期召开跨部门项目工作会议，确保相关部门能在要求的时间完成各自应完成的任务。
生产部门按销量预测完成产量后，新品才正式投放市场。

市场经理人执行最后一步时，需要请销售部在规定的时间内，与经销商共同完成新品订单和零售终端的进场陈列；然后要求第三方广告公司依照时间表执行促销与媒体投放策略。另外，在新品投放市场后，市场经理需要密切跟踪新品的月销量报告，对比预测销量与实际销量，纠正两者的偏差，与生产部门共同完成新的生产计划，以保证产品供应。要注意的是，这样的纠偏过程要每月反复进行，直至新品的销量稳定。

根据以上流程可见，一个新产品的成功，需要几乎全公司所有的部门团队进行协作。如果此项产品，没有市场部的专业经理人负责，那么，部门与部门之间必将会出现沟通不畅的局面，进而影响新产品的研发和上市。因为每个公司部门与部门之间的衔接性不是很强，每个部门“各自为政”，都有自己的考核目标，为此各部门在此过程中难免会出现互相推诿、互不信任的问题，即便是老板亲自负责跟进，因为其本身专业知识的局限性与事务的繁杂性，即便他亲手抓产品，也只能充当“灭火队员”，不断地解决部门之间的互相抱怨，而这并不能根本解决组织结构不科学导致的体制弊端。实际上，一个不科学的组织结构，即使是满足顾客需求的“高价值产品”也极难成功。所以，类似于这样的问题出现，便彰显了市场部总监这个职务的重要性。

在以市场部为导向的企业组织结构中，市场总监这个职位的设立，恰恰弥补了以上的几乎所有的问题。因为从“调研”，到“产品生产”再到“产生利润”的过程中，任何一个环节若出现了问题，都该由“市场部总监”负责。因此，市场部总监在执行这一流程的过程中，会想方设法去消除影响产品成功的可能因素，像润滑剂一般，推动各个部门像零件一样配合主机流畅地运转，保证“新产品”在开发和上市过程中达到既定的目标。

当然，在此过程中，企业经营者将权力下放给市场经理人时，为了其他部门更好地配合他的工作，一定要明确规定每个部门的职责与责任，这样才能使产品很好地得以完成。

同时，企业经营者需要注意的是，在建立以顾客为导向的组织体系，市场经理人这个职位是极为重要的，你需要像重视顾客需求一样，重视经理人的需求。一般情况下，除了给予对方适当的股权激励外，更重要的是，经营者要摒弃家族政治，为市场经理人提供公平、轻松的工作环境，这样才能发挥其工作积极性与主动性。

## 最大限度地满足客户的个性化需求

要想将“客户做大”，归根结底就是要使客户的需求得到最大限度的满足。但是，客户与客户，相互之间是由不同的个体组成的，个体与个体之间的需求是存在一定的差异的。为此，在新经济形势下，如何满足客户日益多变的个性化需求，是一种大的挑战。

海尔公司创立于1984年，是全球大型家电第一品牌。多年来，海尔公司始终坚持与时俱进的发展策略，在如今新的经济形势下，它已经完成了从传统制造家电产品的企业向全社会孵化创客平台的转型。海尔做这些，就是为了最大限度地满足客户的个性化需求，正如张瑞敏所说，如何将无数小众的需求，变成相对大众的订单，是一项大的变革性的挑战。

为了实现这一变革，海尔在内部设立了两张网，虚网与实网进行融合。实网即为海尔的强项，店面遍布全国每个县、乡镇、村。有了这两张网，很多国外的品牌到中国来，都让海尔做总代，比如GE家电。这张网络后面包括营销的网络、物流配送的网络、服务的网络，售前、售中和售后等都有，这极大地满足了国人对海外品牌的需求。挑战比较大的是虚网，海尔即利用互联网，减少商场成本，即利用互联网低价的优势与其他商品进行竞争。同时，他还对互网联的另一个功能，即与客户进行互动、交流，可以将消费者的碎片化、个性化的需求聚合起来，形成一个个大的市场。

的确，移动互联网时代的用户从业务需求到消费体验都产生了巨大的变化，这就决定了企业对用户服务的深度和广度必须时时创新、与时俱进。也就是公司的员工耐心地对待每个人的个性需求，更为灵活、快速地响应用户的个性化、前沿化需求，从而更加有效地满足用户日益增长的多元化需求，进而实现公司竞争水平的整体提升。

某大型金融机构自主建立的“开放式产品平台”是目前国内涵盖产品类型最为广泛、功能最为开放的产品服务平台。产品体系包括现金货币类、固定收益类、权益类、保障类、另类投资等五大类30个子类，数千支产品，用来满足客户的境内外、全方位的财富管理需求。

该机构的市场部经理说：“产品的销售不是服务的终点，而是产品跟踪与客户服务的开始。”该机构为了做好用户的服务工作，坚持不断地优化现有的产品规划与产品研发的流程，不断完善产品规划、产品研发、产品监控与调整以及产品终止的完整周期，在风险得到有效控制的前提下，为客户的资产持续创造价值。

另外，该机构在业内最早针对不同层级的客户提供差异化的服务策略。如针对金葵花客群，在经营方法上面采取内环客户归户经营、外环客户随机管户经营，在流程上采用“倾听——建议——实施——跟踪”的资产配置四步工作法，基于客户财富体检产品组合配置式销售，在辅助工具上面，研发了理财金字塔，以及国内银行首创的资产配置系统与资产配置建议书。

“资产配置服务”是基于较为复杂、专业和动态的服务过程。因为在不同的市场条件下，组合配置建议都是不同的，不同个人的风险偏好下，配置建议也不同。此项工作需要消耗巨大的专业人力来做、来跟踪。因此，很少有机构能够为成千上万的零售客户提供千人千面的个性化，且随市场变化跟踪的资产配置服务。这就让此机构在竞争异常激烈的金融市场环境中，不仅留住了主要客户，而且还吸引了许多新的客户，使此机构在同行中能脱颖而出，每年都能保持极高净利润增长率。

由此可以看出，只要公司能够满足人们的个性化和多元化的需求，不愁用户成不了自己的老用户。

当然，对于多数企业来讲，要满足用户的多元化和个性化需求，首先一定要弄清楚多元化需求的原因，再进一步调整企业内的产品配置以及改变服务，最终做好市场调查。

1. 明确用户多元化需求的原因

公司要为用户提供多元化需求，一定要明确用户多元化需求的原因。一般来讲，处于大的环境和处于小的环境中的用户，其需求就存在不同；经济状况的需求也会随之变高，相反，如果自身经济状况受到了不良影响，那么用户的需求也会随之受到限制。

随着社会经济的高速发展，人们的价值取向和消费观念也在发生不断的变化，这一点在经济条件较为富裕的今天尤其突出。比如，人们越来越追求时尚、品味、健康和环保等。这种观念上的变化，直接影响着用户的需求变化。

2. 根据用户需求的不同，对产品和服务及时进行调整和改进

明确用户需求的特征之后，需要公司工作人员明确产品调整的方向，之后，公司就应该根据自身的实际生产和销售状况及时对产品和服务做出改进和调整，最大限度地满足用户的需求。

3. 做好市场调查工作

公司在对自己的产品进行调整之后，还应做好市场调查工作，调查用户对原有产品的不满意之处在哪里，从而进行自我反省，使公司在以后的发展中，紧跟时代的步伐，尽量走在用户需求的前面，以抢占更新更高的市场地位。

对于公司来讲，只有真正地了解用户，关注他们的需求变化，做好个性化需求和服务，才能更好地满足用户的需求，真正地做到满足用户的多元化需求。

## 依照个性化需求，为客户“量身定做”

企业要想留住客户，扩大客户群，满足他们的个性化需求是新经济形势下，必须要去做的一件事。要想最大限度地满足客户的个性化需求，就是“量身定做”。对公司来说，为客户量身定做，是指在大规模生产的基础上，将每一位顾客都视为一个单独的细分市场，根据个人的特定需求来进行产品定制，以满足每一位顾客的特定需求。

为客户进行“量身定做”与以往的手工定做不同，其是在简单的大规模生产无法满足消费者多样化、个性化需求的情况下提出来的，其最为突出的特点是根据客户的特殊要求进行产品生产。

与传统的营销方式相比，定制营销主要有以下几点：

1. 它能极大地满足消费者的个性化需求，提高企业的效益与竞争力

2000 年，海尔集团在全国率先推出“定制冰箱”概念，从传统的“我生产你购买”转型为“你设计我生产”，取得了十分骄人的成绩，也获得了消费者的诸多好评，引发了“口碑效应”，提升了“海尔”的知名度。

“我的冰箱我设计”的崭新的思路使得消费者突然眼前一亮，发现了一种与以往不同的全新的消费方式，即可以不必被动地接受厂家生产的冰箱，而根据自己的喜欢和意愿来定制冰箱。这一

种全新的经营方式随即也在全国范围内掀起一股“定制”冰箱的热潮。自 2000 年 8 月，海尔推出“定制冰箱”只有一个月时间，就接到多达一百余万台的订单。而在 1995 年，海尔冰箱年产量才首次突破一百万台这个数量。不到五年的时间，定制冰箱一个月的销量便刷新了这个记录，相当于海尔冰箱全年产销量的三分之一，成为中国家电行业的一道奇观。

每个用户的需求不尽相同，有物质上的也有精神上的，需求的方式和程度都存在着差异，这就要求工作人员要多在用户的需求上面下功夫，尽量做到满足每个用户的需求，同时能做到最好。这种“你设计，我生产”的方式，最大限度地满足了消费者的需求，其产品销量一定会大增，最终提升公司的效益与竞争力。

2. 与传统的以产待销模式相比，这种以销定产的经营模式，在一定程度上减少了库存积压率

公司传统的“以产待销”的经营模式，主要是通过努力降低单位产品的成本和扩大产量，来实现利润的最大化。这在卖方市场当中当然是极具竞争力的，但随着买方市场的形成，这种大规模生产出来的产品品种雷同，必然导致产品的滞销和积压，造成资源的闲置和浪费，定制营销很好地避免了这一点。因为这时企业是根据顾客的实际订单来生产，真正实现了以需定产，因而几乎没有库存的积压，这大大地加快了企业资金的周转速度，同时也减少了社会资源的浪费。

3. 与传统的制造业相比，“量身定做”属于服务业的概念

海尔为不同的消费者定制冰箱，就是厂家根据消费者的要求来定做的一种特制的冰箱。比如，消费者可以根据家具的颜色或

者是自身的品位，定制自己喜欢的外观色彩或内置设计的冰箱。这种冰箱对于厂家来说，就是把“我生产你购买”转变成了“你设计我生产”。虽然两者都是做冰箱，但前者是典型的制造业，后者却有了服务业的概念。

当然了，公司要针对客户的个性化需求，提供“量身定做”的服务，那就需要注意以下几点：

1. 细分用户，多方位了解用户的需求

对用户逐一进行细分，有助于工作人员从不同的角度对用户进行分析。这就要求企业一定要创建一个细分客户的平台，并保持与客户进行密切的沟通和交流，运用多种方式收集他们的需求、要求、建议等，并仔细研究他们的心理，以从总体上把握可能的定制趋势，不至于心中无数而在接到订单时手足无措。

2. 生产柔性化

对于公司来讲，要想节约成本，又要满足客户的个性化需求，那就一方面要实现大规模生产，另一方面又要满足客户的个性化需求，同时也要有生产流程的柔性化。这也要求企业的生产线具有更高的柔性和更强的变换能力，从而使生产系统能适应不同品种、式样的加工要求。生产流程柔性的创新包括模块化设计、精益化生产、信息技术以及数控制造设备的使用，顾客的个性多种多样，所以要进行定制的产品其形式也是千姿百态、各有不同的，这就要求企业的生产线能够随时、迅速地调整以便转产。

3. 产品的组合化

每种产品尽管客户的个性要求不同，但其主体性质是基本相同的，企业可以在保持产品主体稳定的情况下，将客户要求的功能、爱好等附件组合于主体之上。比如海尔公司推出的家用冰箱“单个订单”的做法：将设计不同的电冰箱展示于顾客，由他们自由选择所喜欢的类型，或自选色彩、亲手设计等，附于订单上交给厂家定制。由于产品的大多数设计限定在企业所能承受的范围内，因此产生的难题就会大大地减少。

4. 要重新架构公司的业务流程

要适应“量身定做”的个性化要求，公司应从以下几个方面对生产过程进行重构：

(1) 将生产过程划分出相对独立的子过程，进行重新组合，设计各种微型组件或者微型程序，以较低的成本组装各种各样的产品以满足顾客的要求；

(2) 采用各种设计工具，根据顾客的具体要求，确定如何利用自己的生产能力，满足顾客的需求。

具体在业务流程重构中，要求企业的营销部门、研发部门、制造部门、采购部门和财务部门之间进行通力合作，营销部门要确定满足顾客所要求的定制规格；研发部门要对产品进行高效率的重新设计，制造与采购部门必须保证原材料的有效供应和生产的顺利进行；财务部门要及时提供生产成本状况与财务分析。

## 要不断挖掘客户的需求

过去在街上发调查问卷，问用户需要什么？这时候用户并不知道自己要什么。正如德鲁克所说：在没有被创造出来之前，需求是不存在的。

在多变的新经济形势下，那些传统的靠市场需求来吸引顾客的营销模式已经过时，为了让公司赢得利润，一流的公司不仅在产品质量上下功夫，还主动去挖掘和创造需求，满足客户日益多变的个性化需求。

有这样一个故事：

一位老太太在市场上买梨子，她来到了一个小商贩的面前。老太太问道：“这梨子好吃吗?”小商贩说：“当然好吃了，你看个儿这么大，肯定甜了。”老太太听罢摇了摇头，走开了。

随后，老太太又来到另一个商贩前。小商贩赶忙上前推销：“我这里是梨子专卖店，各种品种的梨子都有，您想要什么样的呢?”

“要想买酸一点儿的！”

“那你试试这种梨子吧，保证你咬一口下去就流口水，你要多少呢?”商贩笑着说。

“那就来一斤吧。”老太太买完梨子继续在市场里逛。

她来到第三个小贩面前问道：“你的梨子多少钱一斤呢?”

“请问你要买哪一种梨子？是您吃吗?”

“不，我儿媳妇要生孩子了，想吃酸的。”

“老太太，您对儿媳妇真体贴，她想吃酸的，说明她一定能给您生个大胖孙子。您要多少?”

“我再来一斤吧。”老太太被小贩说得很高兴，便又买了一斤。

小贩一边称梨子一边继续问：“您知道孕妇最需要什么营养吗?”

“不知道。”

“孕妇特别需要补充维生素。您知道哪种水果含维生素最多吗?”

“不清楚。”

“猕猴桃含有多种维生素，特别适合孕妇。您要给您儿媳妇天天吃猕猴桃，她一高兴，说不定能一下给您生出一对双胞胎。”

“是吗？好啊，那我就再来一斤猕猴桃。”

“您人真好，谁摊上您这样的婆婆，一定有福气。”小贩开始给老太太称猕猴桃，嘴里也不闲着：“我每天都在这儿摆摊，水果都是当天从批发市场找新鲜的批发来的，您媳妇要是吃好了，您再来。”

“行。”老太太被小贩说得高兴，提了水果边付账边应承着。

老太太面对三个小商贩，却得到了不同的结果。这道出了销售的本质：即卖产品即是卖需求，客户的真实需求、潜在需求和深层需求都是挖掘和询问出来的。第一个小商贩没有掌握客户的真实需求，只是简单地“卖”，所以失败了；第二个小商贩通过了解和询问客户的需求，所以销售成功；第三个小商贩不仅通过询问了解客户的需求，而且还更深层次地了解客户的潜在需求，所以销售了更多的产品。

就目前市场形势来看，去探究客户的心理，挖掘其潜在的需求，已成为不可阻挡之势。这也意味着在市场不断融合和调控下，公司需要根据用户的需求进行调整，这不仅是为了适应新时代营销的发展方向，同时也是为了能够更有力地保护市场，让用户与公司实现共赢。

当然，你要具体地挖掘用户的需求，可以做以下几点：

1. 通过用户反馈去了解用户的潜在需求

要了解用户的真实需求，一方面可以通过提问的方式，准确把握他们对产品的需求，然后再围绕客户所需要的产品展开介绍和宣传。另外，还需要及时查看用户对产品的反馈，发现用户的提问或者投诉时，切勿轻易下结论，要还原场景来考虑用户的行为，之后再做出优化或者创新的判断。

2. 公司的员工要始终保持学习的态度

要读懂用户的心理，就需要公司的员工们不断提高自己的学习能力，这样才能更好地了解和挖掘用户的潜在需求。具体做法可以是每天花点时间看有关行业内的新闻，要敏感地对待行业的变化。

3. 要挖掘需求，就要善于观察人们当下的行为

从心理学角度分析，人们已经表现出来的行为，才是最能体现其内心需求的。人类的需求随着社会的发展变得越来越高效。对于每个时代，某种需求都会选择最便利的解决方案。人们会日复一日地使用它，以至于它太平常了。比如，有一种需求叫“我想告诉你件事儿”，它经历了吼、喇叭、飞鸽传书、驿站、邮局、电报、电话、QQ 打字、视频聊天等一系列解决方案，现在流行

的是“微信”，那再过十几年是什么呢？它太平常了，平常到就是地铁上旁边那个拿着手机在打电话的人。如果你希望你的产品成为下一个时代每个人都会用的东西，就要观察这个时代每个人在最平常的生活中会用什么吧！当然，这是针对你所生产的产品而言的。

4. 要确定一个“需求”的价值，就要看人们“现在”满足它愿意付出的成本有多大

要知道，人实现任何需求都是有成本的，要赔上时间、金钱、体力、精力、美好的心情等，如果一件事情在现有解决的方案下需要人们消耗极大的成本才能搞定，那说明这背后隐藏着极大的需求。

5. 挖掘出用户的“痛点”

在进行需求分析时，要懂得甄别真伪需求，对用户的需求进行抽丝剥茧的分析，甚至可以选择剥开表面最为浅显的需求，通过逻辑思维分析，代入用户使用的场景，这样才能够寻找到造成这些需求更深层次的痛点。

总之，要想挖掘需求，最重要的就是要深入客户的内心，了解他们在想什么，并且深入观察他们在做什么，然后“帮他们解决问题”，那么，用户的需求也就很容易被挖掘出来了。

# 第八章

# 在“营销策略”上下功夫：妙用新奇点子，吸引客户

要将客户做大，除了让企业内部的市场部发挥“火车头”作用外，还要善于在“营销策略”上面下功夫。要知道，在新的商业环境下，决定产品竞争力强弱的始终是消费者。尤其是在互联网高速发展的今天，消费者的力量也越来越强，他们开始从渠道端影响到公司的制造端，甚至影响到设计端。所以，要想让你的产品从同质化的竞争中脱颖而出，就要采用新奇的营销模式，妙用新奇的点子，吸引住你的目标客户的眼球，这是向市场进发的第一步，也是极为关键的一步。

## 将观念“植入”消费者的头脑中

要让客户接纳你的产品，最有效的方法就是将产品的“理念”植入其头脑中，作为一种文化引导，不自觉地引导客户的消费行为。对此，美国广告专家利奥·伯内特曾经说过：“只有占领了消费者的头脑，才能占领市场。占领了人们的头脑，你就掌握了市场的指挥棒。”当然了，要将产品根深蒂固地“植”入客户头脑中，除了运用广告的力量外，对于公司营销人员来说，可以通过开发产品的创意将其“植”入客户的头脑。

新中国成立前，南京的鹤鸣鞋店可谓是家喻户晓，就连三岁的小孩子都知道“三人行必有我鞋，鹤鸣皮鞋”。原来，在最初的时候鹤鸣鞋店牌子虽老，却极少有人问津。老板为了增加销量，想用有创意的方式宣传一下。

于是，账房先生过来献上一计：“商业竞争和打仗一般，只要你舍得花钱在市里最大的报社订三天的广告。我保你能一鸣惊人。”

老板：“什么方法能如此神呢？”

账房先生说：“你这样，第一天的广告咱们只登个大问号，下面写一行小字：欲知详情，请见明日本报栏。第二天照旧，等到第三天揭开谜底，广告上写‘三人行必有我师，三人行必有我鞋，鹤鸣皮鞋’。”

老板听了眼前一亮，于是便依计行事。广告一登出果然引起了很多消费者的关注，从那时候开始，鹤鸣鞋店就变得家喻户晓，生意红火了。

不得不说，账房先生在“广告宣传”方面可谓独具匠心。他充分地利用了人们的好奇心，制造了悬念，用两个大大的问号吊足了客户的胃口，最后迫使客户在恍然大悟的同时，将“鹤鸣皮鞋”的名字深深地印在了消费者的头脑中。

当一个好的广告理念“植”入客户的心里时，那么产品销起来便不会费吹灰之力。所以，对于公司来说，要想从根本上推动产品的销量，就要学着将某种“理念”或“科学”植入产品中，再将这种理念“植”入广大消费者的头脑中。

其实，将产品的理念“植”入客户的头脑中，说白了就是通过潜移默化的宣传、耳目一新的创意或爆炸式的信息广告主观地对产品形成一种潜意识，这样，不用推销，当客户需要同类产品的时候第一个想到的自然是你。

当然了，要想将产品顺利地“植”入客户的头脑中，你需要做以下的努力：

1. 运用独特的广告词，能使人过目不忘

销售的成功并非是偶然的，客户接纳你的产品也不是没有理由的。对于销售员来说，客户不接纳你的产品，其中一个很重要的原因是客户对你的产品不够了解，或者对你产品的性能产生怀疑。

要知道，头脑产生意识，意识决定行动。只有你先让自己的产品进入客户的头脑中，客户才会产生购买的动机，最后做出购买的决定，而让产品进入客户头脑最重要的一个方法就是广告。可口可乐的“亲情回家系列”，士力架的“直白系列”，太多的例子表明这个新生代的宣传方式已经成为了产品推广的主流。所以，想让你的产品迅速地占领市场、迅速地占领客户的头脑，独特的广告一定必不可少。

2.“创意销售”不可少

除了独特的广告会令客户过目不忘外，有创意的销售也是不可或缺的。在我国素有“寻常豆腐皇家菜”美誉的食用豆制品，由于千百年来总是一个老面孔，没有一点儿新意，消费者已经开始对其厌烦了。

后来，我国香港的一个商人在豆腐原料中加入了奶油、大蒜汁、咖啡和各种果味料，并用甜红椒调成红色，用食用鲜花调成黄色，用绿茶调成绿色，叠成红、黄、绿“三色”豆腐。色彩明丽的“三色”豆腐，让人望色生津，受到了诸多顾客的欢迎。如今，人们每当吃到豆腐便会立即想起“三色”豆腐令人垂涎三尺的样子。

总而言之，如今在这个竞争如此激烈的市场形势下，要想快速抓住客户，就必须先想方设法让你的产品在客户的脑海中占有一席之地。

## 巧用“轰动效应”，让客户竞相购买和传播产品

公司在关注用户需求的过程中，如果想让用户竞相购买和传播公司所生产的产品，就需要通过用户需求设置二维模型。说得简单一点，就是要有一个能够参考的模型，吸引公众的视线，使

其在不知不觉间对公司的产品产生兴趣。比如当年的海尔正是由于在大庭广众之下砸冰箱的事件，才让海尔的知名度大大提升。

20 世纪 20 年代，日本企业家后藤新平在东京成立了“西铁城”手表公司，然而在问世之初，无论后藤新平怎么宣传他的手表，就是无法取得消费者的赏识与认可，所以他举步维艰地经营了好几年，却始终未能打开销售的局面。

最后，后藤新平决定采用一种能让顾客有意愿去期待、参与，并且眼见为实的营销战术。1928 年初，后藤新平面向整个东京发布了一条令人吃惊的消息：“请所有东京市民注意了，我将在 1 月 15 日这天，动用一架直升机在代官山广场上空抛下一批手表，谁捡到就归谁。”这个消息一出来，人们都大为惊奇，几乎所有东京市民都盼望着这一天到来，希望能碰上好运气捡到一块没有摔坏的手表。

1 月 15 日这天一早，代官山广场就挤满了人，所有人都抬头看着天空，等待着直升机的出现。时间到达 9：50 分，一架直升机终于远远地从天边飞来了，人们纷纷兴奋地大叫，当飞机来到广场上空的时候，处在百米高空的飞机从天上下起了一阵“手表雨”，人们争先恐后地抢成一片，最后人们打开盒子一看，发现这些手表居然“大难不死”，还在正常走动呢！也正因此，人们在为自己抢到手表而开心的同时，更为这些“西铁城”手表的质量而吃惊。

就此一举，“西铁城”手表很快名声大震，一句“从飞机上扔下来也不会坏”的口碑也传遍了整个日本。没多久，“西铁城”手表不仅成了日本人购买手表的首选，甚至还开始出口到许多国家。就在后藤新平这种几乎无人能及的自信和智慧中，“西铁城”

手表的市场终于被打开了。

案例中的手表公司在销售陷入僵局时，因为打破了传统的营销模式，成功运用“轰动效应”，巧妙地打开了市场，吸引了诸多的客户。其实，在现实中，当传统的营销模式达不到预期的效果时，要懂得转变思维。因为这是一个信息时代，如果你的产品能够引起客户的注意，公司的销售工作一定能够达到成功。

武汉一个小镇新开了两家餐馆，主打菜是鱼。为了吸引顾客，双方都打出“长江野生鱼”的广告，声称店内鲜鱼保证都是江上的渔船直接供货，为此，很多人都冲着野生鱼的招牌去的，生意异常火爆。

开始的确如此，但是伴随着两店经营规模的不断扩大，仅凭渔夫送的鲜鱼已经难以保证食客所需，再加上近年来水域的污染，野生鱼资源越来越少，鱼价自然也是水涨船高。

这家餐馆老板为了避免亏本，无奈就将菜价抬了上去，以致顾客数量锐减，生意日益冷清。而王家鱼馆老板头脑灵活，他认为不能贸然抬价。抬了价，顾客数量一定减少，但也不能做赔本的买卖呀！怎么办呢？他便悄悄地以养殖鱼代替野生鱼，因为价格低，吸引了不少的食客。

一天，王家餐馆因为客满，几个食客只好转身到了张家的餐馆。几个人坐下来点了几条鲤鱼，正吃着，其中一个人突然大叫起来，张老板闻声出来一看，只见一位食客被鱼嘴内遗留的钩钩住了嘴，鲜血淋淋。张老板赶紧与店伙伴把受伤的食客送到了医院治疗。一番忙碌下来，张家餐馆不但未收一分钱，反而倒赔了食客 1000 元医药费损失费。

王家餐馆的人见张家餐馆生意一蹶不振暗自庆幸。间或在言谈中透出“看看他张家餐馆不行了，吃鱼还钩破了顾客的嘴，还有哪位不要命的食客也去送命”的幸灾乐祸。生意眼看做不下去了，张老板急得来回踱步，突然他脑袋里跳出一个怪想法。

第二天，张家餐馆门前贴出了用大红纸书写的醒目的“致歉声明”，声明中说：本餐馆所供鲜鱼由于是渔夫从江中垂钓所得，致使鱼钩遗留鱼嘴并逃过服务人员的检查，最终造成了鱼钩误伤顾客的事情发生。同时，张家鱼馆还保证今后此类事情将再也不会发生。

“致歉信”贴出来没几天，情况发生逆转，食客大增，门店冷清变成了门庭若市。原来人们通过“致歉信”明白了张家餐馆的鱼是纯野生的，要不鱼嘴中咋有鱼钩呢？养殖鱼自然不可能有鱼钩遗留鱼嘴。再说，张老板敢于承认错误，说明张老板餐馆诚实守信，不唬人。至于鱼价调高的问题，钓的鱼嘛，肯定是要比养殖鱼的成本高。

有好事者，专门到王家餐馆再仔细品尝，结果发现味道就是与张家餐馆的鱼不一样，事情传出去，张家餐馆的生意又重新红火起来。

原本是件令人心烦的事，反倒成了体现诚信的好机会！假如张老板不用逆向思维去挽救事态，恐怕那件“祸事”将变成了致命的伤，饭店可能要以关门收场！人的思维最怕僵化，一旦僵化形成定势就会产生误区。做生意如果总是按着一种思维模式，只会让自己走入“死胡同”。而逆向思维的一个小小的转变却可以让人绝处逢生，生意由劣势变为优势。所以，在营销过程中，公司如果能够通过利用用户的逆反心理和逆向思维来达到吸引用户目光的效果，让用户竞相购买，并且传播。在利用用户的逆反思维时要注意言行一致，让用户感觉到自己付出的热情是得到强烈反应并予以回报的。

同时，我们还可以因势利导，引发用户的关注。在营销的过程中，一旦碰到僵局，就要抓住关键点，利用逆向思维吸引用户的目标。

## 制造“悬念”，引导客户了解产品

听过评书节目的人都清楚一个事实，每一次说书，评书演员总在最为关键、最吸引人的地方，“啪”的一声：“欲知后事如何，且听下回分解。”这种故意制造“悬念”式的演说，能够最大地激发听众的好奇心，增强听众知道后事如何的欲望，从而更为关注这个评书节目。其实，这个方法也可以运用到营销活动中去，即在宣传你的产品时，要懂得适当制造一些“悬念”，从而激发客户的好奇心，进而让客户更深入地了解你的产品，进而达到成交的目的。其实，皇冠牌香烟的成功之处便是此法运用得当的结果。

皇冠牌香烟在进军某城市时，曾遭到了当地众多其他品牌香烟大军的殊死抵抗。无论皇冠公司如何努力，始终拿不下这座城市，无法获得市场的认可与广大消费者的接纳。

一天，皇冠公司的一名销售员在海滨浴场许多禁止吸烟的广告牌的启发下，想到了一条妙计：在各旅游景点与各个公众场合到处张贴广告：“吸烟有害健康，此地禁止吸烟，‘皇冠’也不例外。”

这则毫无夸耀之词的简单广告，却引来了不少人的好奇心，为何要特别指出皇冠牌香烟呢？与其他牌子的香烟广告有何不同呢？是比较名贵吗？于是，“烟民”们在这种强烈好奇心的驱使下，纷纷去抢购皇冠牌香烟。结果，皇冠牌香烟在当地“一举成名”。

人人都有好奇心，如果公司在营销活动中能够很好地利用好客户的“好奇心”，故意制造一些悬念，就会增强人们急于了解真相的迫切感，从而为你的产品打开销路。在日本有“销售之神”之称的原一平，在做销售活动时，对此法屡试不爽，我们看看他是如何做的吧：

原一平：“您好，我是明治保险公司的原一平。”

客户：“你好。”

原一平：“我这次来主要是想了解一下您平时是如何理财的?”

客户：“我通常会……”

原一平：“您基本的理财方式我非常了解，您肯定也知道理财最好的方式就是购买保险，也是给家人增加安全感的平安符。在保险业中我们明治保险有着极大的优势。哎呀，我突然想起来我有一件极为重要的事情要马上去办，真抱歉，我改天再来找您聊。”

面对原一平的突然离去，客户一脸诧异、仿佛意犹未尽。几天后，原一平再次登门。

原一平：“您好，我是原一平，前几天打扰了。”

客户：“哈哈，瞧你精神不错，今天你不会又忘记什么事情吧？”

原一平：“不会的，不过先生，您今天请我吃饭吧！”

客户：“哈哈，没有问题，进来吧。”

原一平：“既然厚着脸皮来了，那我就不客气啦。”

客户：“哈哈！可别在吃饭时又想起忘了什么急事了。”

就这样，原一平在与客户的笑谈中，完成了他的推销活动。

原一平运用这种“说”了就走了“连打带跑”式的销售战术，客户的反应大都是：“这个销售员的时间可真宝贵，话说一半就走了，挺有意思。”心中很自然便有了想再见他的欲望。等原一平再拜访时，客户通常就会说：“喂，冒失鬼，今天不会又有什么急事情吧？”于是，销售在两个人的笑声中便顺利地展开了。

成功的营销都会随时随地地通过制造一点“悬念”，诱发客户的好奇心，进而发现客户的真实需求，及时调整自己的销售方案。那么，如何制造悬念，才是最大限度地激发客户的好奇心呢？

1. 产品价值只露冰山一角即可

销售员在介绍产品时，只需要显露其价值的“冰山一角”，反而能激发客户的好奇心，从而取得极好的效果，比如你可以这样去做：

销售员：“如果我们的产品能帮助你节省30%的生产成本，你是否有兴趣看一次具体的演示呢？”

销售员：“如果你再引进我们公司其他的设备，还可以提高20%的纯收入，你想听我具体介绍一下吗？”

销售员：“许多公司调整系统维护，节省了大量的开支，你希望我详细说明吗？”

销售员像这样设计一些涉及企业利润、效率、发展的根本问题，在用询问的方式提出疑问，就大大地刺激了客户的好奇心，进而会进一步了解产品，进而为成交奠定了有利的时机。

2. 敢于打破常规地提问题，以激发客户的好奇心

现实中，只有那些不符合常规、带有刺激性的问题，才能激发客户的好奇心，从而促使他们听下去，进而为成交奠定了良好的基础。比如你可以这样去问：

销售员：“你知道为什么你一直坐在这个位置，没有升职吗？”

客户：“不知道。”

销售员：“我知道，你想听一下我的看法吗？”

客户：“那请你说说看。”

总之，如何激发客户的好奇心，促使其与你进入畅快的沟通，或者激发他对产品的兴趣，是一门技术活，是需要技巧和方法的，只要你多留点心，平时多多积累，就能达到预定的目标。

## 巧妙利用“口碑传播”，提升品牌影响力

随着市场经济的正规化与科技的进步，在营销传播领域，当今时代的消费者面对更多的、前所未有的消费信息，而互联网的扩张则加速了消费者信息过剩的进程。因此，在今天，公司能够借助人际关系传播口碑信息，在消费者的购买过程中发挥越来越

重要的作用，并且逐步与大众媒体传播并驾齐驱。由此可见，利用口碑来提高营销效果在公司经营中也变得越来越有必要。

对于企业来讲，要激发用户的口碑，最重要的就是为每一个客户提供超乎人们期望的体验方式，说白了，你提供的比用户所期望的还多，用户自然会感动，就会帮你传播口碑。当然，很多时候，除了为用户提供超乎期望的体验外，还应适当地注意一些营销方法：

1. 识别并锁定你的“影响者”

对于企业来讲，“影响者”即是指那些经常活跃于社交媒体与博客，并且能够有效地推广你的品牌，增加你的产品受众群。一位营销专家说过，“真正的影响能够引发行动，而不仅仅是提高知名度。”如今的消费者更为信任第三方，而不是品牌。将正确的消费传递给有影响力的人是一种新的市场营销方式，如果有效操作，可以让你的企业得到爆炸式的增长。

某消毒液品牌，自被推出来之后，虽然依靠良好的质量取得了一定的成效，但由于消毒液市场竞争得异常激烈，其业务增长十分缓慢。为了扩大知名度，该消毒液便在电视上投放广告，但一段时间后，仍旧没能达到提升品牌知名度的效果，而且还花去了大批的广告费用。该消毒液品牌最终决定运用口碑宣传，并为此开展了一个针对母亲影响者的口碑营销活动。

该消毒液品牌向4000位母亲影响者分发了48000份样本，每位母亲以及她们的十多位朋友会收到一份套装产品。该活动获得了巨大的成功，最终影响了该品牌46%的目标受众。五个月内，品牌知名度增长了5倍，购买率从21%翻了一番，增长到42%，而销售额仅两个月就增加了86%。

2. 连接人的情感

对于客户来讲，购买产品实质上是购买"好处"。而如果企业在卖产品时，除了为消费者提供好处外，还能将他们的个人情感融入其中，那么，一定能收到不错的效果。

美国儿童许愿基金会是一家全球性机构，主要致力于帮助生命垂危的儿童达成心愿。让人们知道其品牌是一回事，而让人们在私下里议论其品牌是另一回事。为了实现后者，美国儿童许愿基金会发起了一个引人注目的活动。活动的主人公叫 Miles Scott，是一个身患白血病的 5 岁男孩，他希望自己能成为一个超级英雄。

自 2013 年以来，该许愿基金创造了一个有史以来最大和最复杂的舞台戏之一，上演了一场小蝙蝠侠惩恶扬善、拯救城市的故事。该活动的参加者包括美国前总统奥巴马和其他政府以及法律部门的官员。旧金山的主要报纸《旧金山纪事报》当天也为此刊登号外《高谭市纪事报》，头条是"蝙蝠娃解救城市"。

随着这场非凡的口碑运动，美国儿童许愿基金会在社交媒体上获得了 189 万的社群曝光，555697 个 batkid 标签。一些重要的新闻报道，如 Buzzfeed 的文章，三天内产生了 250 万的点击率。活动当天结束前，Instagram 和 Twitter 上人们发布的活动照片多达 21683 张。当然，基金会的捐赠也增加了。

3. 不断参与到社区当中

某饮料品牌为了提升销售，不断地举办活动，目的是让社区人员参与其中，提升人们对该饮料的认知度。比如，他们组织的活动有让该品牌形象代言人驾驶着拉风的带有红牛标志的汽车在街上发放样品，在创造乐趣的同时提升口碑；该品牌在校园中组织新星大赛并且通过赞助学生的行为，从而建立品牌的知名度，从而提升该品牌的口碑。

正是这些活动让更多的人参与其中，从而提升了该饮料品牌的口碑，让其成为行业的市场领导者。

当然，要好好地利用“口碑传播”，还需要注意以下几个方面：

1. 找准口碑点是关键

要宣传口碑，一定要找准口碑点。对于某件产品来讲，口碑点的设计可以多处着力，但是品牌方资源有限，不可能全面铺设，那么，要使口碑传播达到一定的效果，就一定要找准受众群体感兴趣的口碑点，聚焦引爆。比如，杂粮的口碑点切入点似乎有许多，种植、安全、健康、品牌内涵、环保、营养、口感、烹饪、包装、配送、特色服务……对此，身为杂粮品牌应如何切入呢？通过网络统计，最终发现与“杂粮”相关度最高的是“杂粮如何做”，说明，大多数的受众关注的是“如何烹制杂粮食品”，如此，“烹饪方法”便是极好的口碑切入点。因此，我们设计了“烹饪”的口碑点，并沿着“烹饪”深入到“杂粮食谱”“杂粮和米其林大厨”“杂粮与大V”等的子话题，从传播的结果来看，用“度娘”找口碑切入点，受到受众群体的广泛关注。

2. 让口碑点和品牌进行有效关联

口碑点设计好了，需要对口碑点进行管理，管理需要做的工作较复杂，涉及接触点管理、接触点映射管理、口碑传播路径及核心路径管理、口碑传播的互动和引导预案等。

一般企业做口碑传播管理不需要这么复杂，但有一件事可以很容易做起来——让口碑点和品牌进行有效关联。而易关联的前提就是根据口碑点模拟消费者传播的场景，从而进行顺畅关联。需要注意的是，关联越是自然，不露痕迹为最好。

## 玩转“粉丝经济”：利用参与感，黏住你的用户

在互联网时代，人与人之间的界限越来越模糊。无论身处世界何地的用户，都可以通过互联网直接联系与交流。尤其是随着微博、微信、百度贴吧的商业化，也使“粉丝经济”大行其道。

所谓的“粉丝经济”泛指架构在粉丝和被关注者关系之上的经营性创收行为，是一种通过提升用户黏性并且以口碑营销形式获取经济利益与社会效益的商业运作模式。时下，互联网的发展已经突破了时间、空间上的束缚，粉丝经济被宽泛地应用于文化娱乐、商品销售、提供服务等多领域。商家借助一定的平台，通过某个兴趣点聚集朋友圈、粉丝圈，给粉丝提供多样化、个性化的商品和服务，最终转化成消费，实现盈利。

小米公司成立于2010年，距今也仅仅只有几年的时间，却以“专注、极致、口碑、快”等经营理念，在业界引发了强烈的“科技风暴”。当它开发产品时，有数十万的消费者热情地出谋划策；当它有新品发售时，有数百万消费者涌入网站抢购，数亿销售额瞬间完成；当它的产品售出后，有几千万消费者积极地参与口碑的传播，这是中国商业史上前所未有的奇观。

对此，雷军说：“用户参与是最大的元素。”认同感和情感完全不同。因为这里面有一个很核心的元素：把用户当朋友。在他

的理念中，凡是口头上把用户当上帝的全是不切实际的，只有把用户当朋友才可以成就一家伟大的公司。

小米在对用户服务反馈方面做得非常到位。只要用户提的意见被小米所采纳，发布出来只需一个星期，这在传统手机公司是根本没办法想象的。以前，在诺基亚时代，三五年不更新一次系统。即使是现在的苹果，也是每年才发布一次，google 每个季度发布一次，但小米却是每个星期更新一次，这就是小米的效率。这就是小米始终强调的互联网七字诀：专注、极致、口碑、快。

营销的核心问题在于，如何构建企业和用户之间的联系。而小米则利用极强的“参与感”，让每个用户都参与产品生产与营销的过程，紧紧地将用户黏住。另外，让用户参与其中，不仅能够做出适合适应市场的产品，同时也能够通过用户传递公司产品的口碑。

针对此，雷军说道：“这是小米的核心点，我们将用户的参与感看成是整个小米最核心的理念，通过参与感来完成我们的产品研发，来完成我们的产品营销和推广，来完成我们的用户服务，把小米打造成一个很酷的品牌，就是年轻人愿意聚集在一起的品牌。”

的确，与其他同类相比，小米的一个极为开创性的办法就是，搭建起企业与用户紧密联系的虚拟社区，构建一种企业与用户相互依存、相互作用的生态关系，让用户成为社区的一员或者朋友。在这个虚拟社区里，用户可以借此得到某一方面的满足，并彰显自己的生活方式。所以，小米社区聚集了大量的粉丝群，他们十分狂热地追捧小米。

构建虚拟社区的核心，是要站在用户的立场上思考问题，将他们视为朋友。这就给我们以这样的启示：要想将“客户做大”，一定要转变经营思路，即由产品思维转变为“用户思维”。当然，要想利用“用户思维”来玩转粉丝经济，需要从以下几点出发：

1. 找寻用户的来源，并找出企业与用户之间的利益点，牢牢地吸引用户

留存，顾名思义，就是想方设法让用户“留下来”。这里要把握两个关键点：一是梳理自己原有用户的来源；二是找到用户与企业相结合的利益点，以此来让用户进入并沉淀在企业创建的生态系统中。

小米手机圈定的原点人群是非常清楚的，就是手机发烧友。这类人群有一个特点，就是对新事物的接受能力强，追求时髦，但又对智能手机的价格比较敏感。小米手机的横空出世，恰好满足了他们的内心需求。大多数人对小米手机的第一印象就是“高配置，低价格”，因此性价比高。雷军认为，手机最为核心的就是品质，同时还要注重降低用户的购买成本。比如：采取网上预售的方式，降低了用户的时间成本和货币成本等。这样，小米既明确了自己的用户来源，又通过高性价比产品的推出，使得这部分用户转化为企业的粉丝并沉淀在社区中。

2. 让用户不断参与其中，激发他们的活跃度

对于留存下来的用户，企业要通过一系列有吸引力的活动，让这部分用户转化成粉丝。

小米最为成功的一点，就是形成并塑造了自己别具特色的“粉丝文化”。小米的粉丝成为小米手机最为忠实的代言人，并不断宣传小米的品牌，成为小米产品的推广者。因此，雷军经常说一句话：“因为米粉，所以小米。”

除了传统的借助微博、微信、论坛等线上手段与用户互动以外，小米还充分重视和发动线下的互动。事实上，只有线下活动才能真正提升用户的“参与感”，更容易让用户转变成粉丝。这一点，最具代表性的就是“爆米花”活动——用户的见面会。“爆米花”活动甚至已经形成了一个体系，包括小米官方组织的几十场粉丝见面会、用户自发组织的同城会，以及一年一度的“爆米花年度盛典”。

值得一提的是，小米还效仿车友会的模式，搭建起一个让手机发烧友能够在一起相互交流的平台。“爆米花”活动并不是小米手机的路演，而是为了让大家在一起“high”，给广大用户提供一个展示自我、认识朋友的舞台。

“爆米花”活动全程都让用户参与。包括：在论坛里投票决定在哪个城市举办；现场会有用户表演节目，表演者是提前在论坛海选出来的；布置会场会有米粉志愿者参与；每一次“爆米花”结束的晚上，当地资深米粉还会和小米的团队一起聚餐交流。

3. 不断地创造“真粉丝”

留存用户、活跃用户的目的，一是为了提升用户的忠诚度，二是让这些忠实粉丝能够不断创造用户，不断促进“真粉丝”的加入。

很多用户买小米手机，其实是靠口碑推荐做出的购买决策。很多“米粉”会把小米手机推荐给办公室同事和家人、朋友，结果一个办公室的同事、一家人都在用。比如：红米手机中，有30％的用户都是买来送给家里的老人和小孩用的。

而且，米粉买手机与买车的过程很像，他们会货比三家，既看配置，也看口碑。他们会把所有的参数都拆开来比较：屏幕有多大？CPU 到底是双核还是四核的？甚至还会追求主频是 15GHZ 还是 1.7GHZ，功耗怎样。他们对参数的了解远超很多人想象。

正是这群发烧友级别的粉丝，在相互比较和“炫耀”的过程中不断“拉新”，进而创造“真粉丝”。

4. 走进用户的“需求链”

不仅如此，小米还走进了用户的需求链，进而契合他们的生活方式。

细数一下小米的商品品类，除了有围绕手机的保护壳、移动电源等配件，还有其他很多冠以“小米”两字的小物件。比如：1 元一袋的“小米礼品袋”。小米的官网有各种“MI”主题的 T 恤，也是为了给“米粉”们营造一种归属感。

小米将来要干什么事呢？小米已经在卖家庭路由器，因为手机是终端控制器，它可以连接用户家里的其他设备。再往后还干什么？商业的潜力往往无限大，什么跨界生意都有可能。因为小米已经走进了用户的生活方式，知道用户在想什么，粉丝有什么需求和诉求。

5. 搭建虚拟社区

小米最厉害之处，就是实现了线上线下的高度融合，形成一个高黏性的虚拟社区。

在这个社区里，米粉充分展示了购买力。每次小米发布新品，“米粉”们都是购买的主力。从这个角度来讲，小米的生意经就是围绕粉丝所产生的巨大生意，不断促进粉丝量的增加，并持续在他们身上变现。

事实上，虚拟社区就是一个粉丝社群，追求的是粉丝流量的变现。为此，小米尽可能地占据米粉们的时间，持续地影响他们的生活。

所以，传统企业要思考这样一个问题：互联网时代，要怎么运用互联网技术，建立起一个高黏性的粉丝社区，参与到他们的生活中去，创造用户想要的生活方式。

## 吸引粉丝不难，如何留住粉丝却是件难事

粉丝营销已经成为当今的一种新型的营销模式。生活中，很多营销达人都会津津乐道地鼓吹自己在微信平台或者一些吸粉工具中吸引了多少粉丝。但是如果问及他们，如何才能确保事后不掉粉呢？多数人竟然无言以对。的确，对于钟情于粉丝营销者而言，“吸粉”不是件难事，但是如何留住粉丝却是件难事了。

从营销的角度去分析，留住粉比吸引粉更为重要。要提升粉丝的活跃度和黏性，要通过不断地互动方能达到。当然，这里的广义上的互动就是与客户产生联系与交易，交易本身就是一种高质量的互动。同时，互动的形式还包括内容推送、各种线上与线下的活动、建立品牌社群并让粉丝通过参与获得良好的品牌体验。那么，品牌商具体如何与粉丝进行有效地互动呢？

1. 用好的内容留住粉丝。

在移动互联网时代，以微信为代表的平台，其中一个极为重要的特征就是不仅具有较强的社交属性，还有较强的媒体属性。

也就是说，微信不仅仅要靠朋友圈，也要靠有价值的内容来吸引和黏住粉丝。

那么，如何才能做出好的内容来黏住粉丝呢？

一方面，一定要关注热点问题。很多时候，结合热点事件并对其做出独有的见解和评论能达到事半功倍的作用。对于企业而言，在微信内容上面送上一些结合热点的事件，可以有效地吸引粉丝打开阅读。

比如，在电动车行业，绿源的微信订阅号内容兼具娱乐性和热点性。我们看到其内容中出现了“驯龙高手2”“小时代”等热映的电影标题，还有类似于“涨姿势”等网络流行语，这些都令年轻消费群体倍感亲切，大大地提升了点击阅读内容的概率。

另一方面，要迎合大众粉丝的阅读习惯。在互联网时代，人们的时间极为宝贵，人们的阅读开始趋向于碎片化、轻松化，所以，在内容的设置上，一定要针对大众粉丝们的具体爱好，投其所好，内容设置尽量轻松、活泼，同时内容方面也要主动迎合需求。比如“美丽说”公众号给常用户提供服装搭配的解决方案。服装搭配知识几乎是所有女性用户所渴望的，家里衣柜中衣服不会少，每件拿出来都时尚，但是几件搭配起来穿在身上就不行了。因此，他们还会拼命地逛街、逛淘宝买衣服。同时，美丽说将自己要推广的衣品融入其中，顺利地解决穿衣搭配难题，并将其与产品进行融合，可谓巧妙。这种方式便能成功地黏住客户。

美国数字化专家尼葛落庞帝曾经说过：“信息过量等于没有信息。”淡化产品信息之后，一定要换位思考，站在粉丝的角度去考虑他们需要什么样的内容，潜移默化地传递产品或者品牌的信息。

武汉有一家水果店，几乎在一夜之间风靡了湖北水果市场，其主要创新之处在于环境创新，里面根据水果的不同生产地区，栽植了许许多多的果树，人们在里面购买水果可以使身心得以休息。另外，该水果店通过调查发现，女性消费者所占的比重较大，因此，其微信订阅号推送的大多是女性情感类的内容，比如“婆媳关系，总有相处之道”以及“维护夫妻甜蜜关系的100个秘诀”等，这些内容几乎与每个女性都息息相关，很容易引发女性的共鸣，有效地提升了微信订阅号的打开率以及粉丝的黏性。

最后，要注意的是，公众号内容定位要去功利化。许多企业通过一些线下手段吸粉或者导粉之后，便开始导入广告，以及产品信息等，这种显得有些功利化了。微信平台不仅要承载品牌的宣传功能，还要承担新品首发的功能，最重要的是让大众能从你的内容汲取到信息，学到知识，同时也让粉丝更多地了解你的企业文化、企业信息等。实际上，在信息过量的时代，如果你什么都想宣传，或者过于赤裸裸地推广你的产品与促销信息，最后很可能收到事与愿违的效果。

最后，注重与粉丝沟通的时间。有了好的内容，推送时间也是极有讲究的，最好能避开上午与下午正常的工作时间，以免打扰到对方。研究显示，一般有两个时间段推送较好，一个是客户上班之前八点钟左右，另一个就是下午6点钟左右，这样才有可能收到不错的成效。

2. 通过活动黏住粉丝。

粉丝经济学中有这么一个公式：社交红利＝粉丝数量×互动次数×参与度。对于公司而言，要想通过粉丝经济获利，不仅仅要考虑吸粉的速度、粉丝的数量，还要考虑粉丝与品牌之间的互动次数与品牌参与度。

首先要提吸粉的速度和粉丝的数量。在任何的商业模式中，没有流量就难以有转化率，而在移动互联网时代，没有粉丝就难以形成口碑。没有口碑，公司的品牌也仅仅是一个符号。那么，如何在公众平台上提升粉丝数量呢？这就需要企业通过一些有创意的活动来吸引粉丝。

首先，要有一个容易吸引粉丝的理由。比如，在你的产品包装上面打上公司的二维码，同时要给人一个扫码的理由。比如，运用“以卖代赠”的方式去吸引粉丝。在双 11 电商盛宴期间，一家大型超市的天猫旗舰店发起了针对“双 11”预售活动，比如消费者只需要购买满 199 元，便可以到线下的实体店免费领取一个乳胶枕头，这样就将线上的流量引到了线下。消费者在线下，在领取乳胶枕的同时，也可以购买其他产品，参与线下活动。

同时，为了吸粉，可以巧妙地利用消费者的好奇心，比如，一家大型化妆品化司，在柜台前放了一个很大的二维码，上面写着“扫一扫，有惊喜”。许多人扫码后，便收到了该柜台的一个 20 元的代金券。

其次，可通过解决客户当下的痒点或痛点来吸引粉丝。如果一位旅行者到桂林去旅游，他不知道该怎样规划自己的旅游攻略，这个时候，一个介绍桂林旅行景点和路线的二维码，必定会吸引这位游客的目光。其实，消费者每天都会面临着订餐叫外卖、服装搭配、学外语、家电维修等各种各样需要摆平的问题，这个时候你只需要通过微信更好地帮助用户解决问题，提升其生活效率，优化其生活体验，提供有针对性的解决方案并且以二维码的形式呈现出来，消费者扫码的概率就会大大地提升。

最后，要提升粉丝的忠诚度，就一定要让粉丝参与到品牌互动中来。比如，你可以设置一些富有争论性的话题，让粉丝们互相参与讨论。

总之，对粉丝而言，让他们参与到品牌的互动中来，这样才能在潜移默化中，提升粉丝的忠诚度。另外，品牌商可以基于微信公众平台，并结合线上和线下促销活动，不断地设计一些线下活动，比如珠宝企业可以设计一些相亲活动，培育未来的潜在消费者。要知道，每个粉丝都是人，他们都渴户被尊重，被重视，被承认，这是举办活动，留住粉丝的有效原则。

## 精准直达的“社区营销”：与客户直接面对面

在移动互联网的浪潮之前，大众消费品的营销方式主要是通过广告与用户做心智上的连接。心智连接是一条看不见的线，它主要是公司通过在用户脑海中植入一个想法，由此让品牌和用户之间建立起一种一对一的对应关系，也被称为品牌联想，进而影响用户做出最终的选择。这其中社区营销模式，越来越受到企业的欢迎。

社区营销具有“精准直达”的特性，即指社交距我们的目标客户最近，社区营销活动能够实现与广大消费者直接面对面的沟通，能够有效地增加产品的曝光率，有利于顾客更为深入地了解产品，从而促进客户的直接购买。同时又能够有效地促进社区所在地零售终端的销售。

同时，社区已经成为终端竞争对手的主战场和情报区。社区里的客户消费特点具有跟风的特点，就是看别家用什么牌子，大家都会蜂拥而上。于是，不同品牌的同类产品同时进驻一个社区进行竞争，已经不是耸人听闻的事情。社区活动实现了与广大消费者面对面的沟通，可以直接从消费者的口中获得他们对竞争对手的评价，同时如果竞争对手也在搞活动的话，可以直接看到他们的促销方式、宣传资料等，从而有效地调整自己的销售方法。

知名电脑制造商戴尔就是一个非常成功地运用了客户社区的企业。在2005—2006年间，戴尔电脑逊色的客户服务让他们的销售量一落千丈。戴尔公司在经过研究观察之后，强势地展开了通过社会化媒体和在线社区来拉动客户的策略。

他们开设了一个戴尔客户社区（主要作为客户的售后服务和回馈），戴尔公司由此让用户提出一些新的创意和建议，同时，戴尔公司也利用Facebook和Twitter与更多的用户进行互动，大大地提升了戴尔电脑对目标群体的影响力。

戴尔的这次策略活动非常地成功。在所有的评论之中，其品牌的负面评论从49%降到了22%。通过带动社区的参与，超过7000个新的想法或建议被提出来，戴尔电脑也是从中选择了一些加入产品的开发工作。戴尔在网络媒体的有效受众如今已经在全球超过350万的用户。当年，戴尔电脑透露，有约650万美元的销售皆来自社区营销的结果。

戴尔电脑通过走进社区，便与目标消费群体之间建立了一条直接的沟通渠道，也就是说，消费者可以直接与戴尔进行沟通，戴尔公司也由此可以收集到合理的建议或意见，进而达到了精准化的营销效果。

社区营销相较于传统的营销，付出的时间和资金成本都较低，节约的全都是利润，等于是变相为公司增加了利润。那么，如何才能做好社区营销呢？

1．对社区的客户群进行分析

我们选定的目标社区，因为客户群体庞大繁杂，因此我们业务发展的对象不是小区，甚至也不是居民个体，而是在这个区域内存在的关系群体。所谓的关系群体，即指社区中有着相似的精神、情感和生活方式。一提及社区的群体，可能大家首先想到的是一群广场舞大妈。当然，除了这些广场舞大妈群以外，还有亲子群、车友群、驴友群、运动健身群、吃货烹饪群等。

进行社区客户群分析，是我们做社区营销的第一步。我们可以从风格上、时间上、收入上、消费习惯上等，将这些不同的群体进行分析，进而为产品的成功营销奠定基础。

在群体分析方法上，可以先通过物业走访、居民走访和社区商圈走访进行摸底调研，再通过结构化的方法，对群体消费偏好、行为特征和金融服务需求等进行归纳总结。

2．找到客户群的营销入口

当初步的社群分析完成之后，我们再去审视这些小区，确定社区群体的关系网的“入口”。所谓入口，就是能够大量导入客户流量的渠道，他们常常是附近居民的聚集点和活动点。如社区商超、美容店、汽车美容店、洗衣店、社区活动中心、小区会所等。确定“入口”后，我们就要开始考虑：如何将这些居民流量转化为客户流？这些客户的价值如何挖掘？转化成本有多少？等等。比如小区的会所，客流量基本为本小区业主，转化成本较高，但客户价值也高；相反在商超，客流量较大，转化成本较低，但是客户价值却参差不齐。

值得注意的是，当理财经理初入某个社区展开营销时，需要大量的客户积累，此时，应当首选流量大、成本低的“入口”；而当理财经理已经进入某个社区，且有了一定的客户积累时，便可以选择重点“入口”进行突破，提高价值客户的比重。

3. 采取有效的办法引爆活动，突破重点客户群体

确定了营销的客户群体，也找到了营销“入口”，这时，我们就需要迅速找到突破和切入的方法。即最好策划出比较劲爆的活动，进而提高人气，提升影响力。

4. 通过持续活动，不断提升客户价值

流量未经转化不能成为客户，更不能带来业绩，反而消耗成本。成功地转化客户需要注意以下两点：

(1) 重视每次的客户接触，以情为先、以诚为本、点点滴滴、长期维系。客户是懒惰的，不会轻易透露投资意愿，保持较为主动、频繁而恰当的接触是转化的第一步；

(2) 针对不同客户类型，选择好导入产品。通过前期群体分析和客户接触，了解客户初步需求；同时充分挖掘客户的潜在意愿。

5. 建立关系型活动平台，延展客户关系

利用活动，先敲定基本客户群，并通过业务加强与这些客户群体之间的关系。等这些客户群体稳定后，就可以考虑通过老客户做延伸营销。当然，在社区内存在的比较容易延展关系的主要有家庭关系、邻里关系、共同生活特征群，比如亲子、车友、健身、退休等，不同的关系延展模式也是不同的。延展关系营销要注意以下几点：

（1）顺其自然，切勿生搬硬套。延展关系相对私密，客户往往不愿推介，但一旦推荐成功率就比较高。所以可以借助“父亲节母亲节”“亲子家园”以及“社区好邻居”等活动将关系延展到客户的身边关系群体。

（2）先营销社区群体的中心人物。他们往往对社群有着影响力和感召力，他们的选择和认同将带来巨大的示范效应，减少营销成本，批量获客。如广场舞领队、退休群体中比较有影响力的老人、业委会管理者等。

（3）建立社区商盟，为社群提供个性服务。先通过与商户合作提供消费折扣、客户共享，以增加获客、开卡量；其次可以联合周边商户向客户提供增值服务如：汽车美容，运动休闲、餐饮预订，强化对细分客户的营销；最后，与商家合作建立社区生活会员制，批量吸引群体性用户，制造社区消费热点。

# 第九章

# “体验”成就口碑，让用户主动去传播你的产品

在互联网时代，用户体验是一种纯主观感觉在用户使用产品过程中建立起来的感受。随着网络技术的不断发展，以用户为中心、以人为本越来越受到重视，对于商家来讲，卖产品不如卖体验，已经成为一种趋势。用户体验就是用户在使用产品时的直观感受，是觉得方便快捷，还是操作困难，是简单易上手，还是流程很晦涩。提高用户体验就是让用户在使用产品时舒适愉快，产品的风格一以贯之，不断让用户在新鲜感的体验中获得对产品持久的好感，从而让用户主动宣传产品。

## 让用户花钱买产品，不如让他们花钱买“感觉”

传统的营销模式，都会将买与卖当成一种交易，一个给钱，一个提供商品，这样交易就完成了。这种单纯建立在买卖关系基础上的营销模式，已经过时。消费者的购买行为，就是为了花钱买到自己心仪的产品，用户关心的是商品买回去之后能为自己带来怎样的便利，买对了，心情自然高兴，买不对，心情就好不了。而商家卖出商品的目的只有一个，就是要赚取利润，而商品卖出以后的后续事情，不是商家最为关心的。

如今，随着商品的多样化，企业与消费者之间的这种购买模式已经完全被打破了。他们除了关心商品本身外，还会关注很多其他的方面，比如购物环境、消费者的自主程度、商家的态度、优惠福利等。此时，消费者的购买重点已经从消费有形商品进化到了花钱买感觉的境界。

一家饮料厂经市场调查后发现，喝饮料的最主要群体是年轻人，于是他们便在产品上下功夫，将包装制成年轻人非常喜爱的欢快活泼型标签，并且派专人从书籍和报刊中收集了大量的爱情格言和情趣盎然的爱情小故事，并且印在标签上面，饮料也取名为“爱情饮料”一面世即受到年轻，尤其是正处于热恋中的年轻人的追捧。“爱情饮料”成功之处就在于其设计、包装与品牌名称上针对年轻人的需求特点，提升了产品的文化品位，使产品除了能够解渴之处，还满足了年轻人对爱情的眷恋与渴望，于是便成了一种特别的“感觉产品”。

德鲁克说：“随着物质产品的过剩与人们收入的提升，‘感觉’便变成了一种新的商品，感觉价值已经成为消费者的核心价值一部分，甚至有些已经发展成为最关键的价值。”“感觉消费”也开始席卷全球产业，在感觉逐渐成为一种新的产业标准时，尤其是感觉成为核心消费价值的时候，各行各业的企业都发现：未来竞争的关键战场，是对客户卖感觉。因此，感觉销售也成了许多企业制胜的利器。

从营销的角度来讲，所谓的感觉营销，就是企业以产品或者服务为载体，为消费者创造出一种心理舒适与精神上的满足，从而达到营销目的的销售方式。

当然，要想让“商品”被赋予“感觉”属性，必须遵循以下四种原则：

必须认识到感觉无处不在，必须从战略上重视感觉营销与感觉设计。

必须认识到不同消费群体的感觉是有差异的，必须学会从消费者需求出发进行认真的市场细分，了解消费者感觉的核心与基础，并且有针对性地进行感觉设计。

设计感觉需要把握清楚感觉的种类，根据消费者需要，进行设计。

要积极塑造消费者亲自参与体验的感觉。

一般来讲，卖“感觉”的营销策略在实际中有以下几种应用：

1. 感觉产品

这是针对企业目标市场上不同消费群体、包装与文化，从而达到营销的目的。消费者对产品产生怎样的感觉。在很大程度上源于对产品的第一印象。因此企业在产品的设计、包装与品牌上应注入更多的“感觉”成分，以求打动消费者，并使其对本产品保持长期的偏好感。

2. 感觉价格

“感觉”价格，即指企业在对产品进行定价时，对其定价目标、定价方针和定价策略中，将价格与感觉结合在一起，使价格带有“感觉”色彩。比如一些服务性企业推出“优惠卡”“会员卡”“贵宾卡”等，这看起来似乎只是简简单单的一张卡，实际上则是为了满足部分消费者追求价格从廉的心理。

3. 感觉情感

“感觉”情感，即指企业在产品或服务的促销过程中，设身处地地站在顾客的立场上为顾客着想，对产品赋予“情感”感觉，让客户从情感认可与亲近中，获得某种认可感。比如“百年润发”品牌，就是通过一系列悲欢离合的情节，讲述了一段感人至深的爱情故事。其成功之处就在于以情感打动人，并在“相爱永不渝”的爱情意境中，升华了百年润发的品位。由此可见感觉促销的魅力所在。

4. 感觉环境

“感觉”环境，即指企业在经营过程中着意为消费者营造一种具有良好感觉的环境，从而激发顾客的消费欲望。注重营销环境，也即为通常所说的“氛围营销”，现在有的商场十分注重色彩、灯光和音乐的搭配，尽量做到让顾客轻轻松松、舒舒服服享受美的环境。富有感觉意味的购物环境能够吸引消费者，使其产生对商场与产品的兴趣，进而激发购物欲望，最终产生实际的消费行为。

南方某城市有家百货公司，一次为展销意大利香水，将整个商店按香水包装盒的颜色彻底装饰一番；同时组织多种意大利商品装点店容，请来意大利厨师在世界名曲的节奏中表演揉面团和蒸汽煮咖啡。结果这些富有异国情调的购物氛围与环境极大地吸引了顾客，创下了44秒钟销售一瓶香水的世界零售纪录。

要知道，消费者很多时候购买的不仅仅是一件物品，而是一种体验。打个比方，一杯咖啡，如果仅仅当成普通的饮料去销售，那么一杯便可以卖几元；如果将咖啡包装成精美的商品，那么一杯可以卖到几十元。如果你为这杯咖啡附上某种“服务”，例如喝咖啡可以享受一首美妙的小提琴曲，那么这杯咖啡将会卖到上百元。因此，给你的产品和服务附上某种体验，就能为企业带来十分可观的利润。

## 让用户在不断体验中，将品牌渗透到头脑中

在当下的互联网平台上，用户对品牌的真实情很是在意。传统企业做品牌，首先是通过强制性的灌输，即消费者还未见到产品，企业便通过狂轰滥炸式的方式，让消费者被动地接受：这个产品有多么多么地好，说它具有哪些功能或功效等。这种被“教育”的营销方式，会在一定程度上引起消费者的反感，让人无法真正地心悦诚服地接纳，而且这种方式也无法提升用户的“忠诚度”。

从心理学的角度分析，用户对某项产品的接纳，一般是被潜入和渗透的。针对此，企业应改变营销策略，让用户在使用过程中，在不断地体验中，让产品潜入和渗透到自己的脑中，从而真正地接纳产品。

让用户通过对产品的不断体验中，将品牌渗透到头脑中，在这方面，小米是行业中的代表。当时小米第一个项目上线时，雷军就与他的团队在想：能不能不花一分钱就做到100万用户？然后，他们共同想到了一个方法，就是抓口碑。因为前期没钱投入营销，要让大家主动夸你的产品，主动向身边的人推荐，就只能专心把产品和服务做好。

雷军说："当时的小米是一项全新的品牌，没有钱，没有媒介，没有广告投放。没办法，我们只能死磕新媒体。"就这样，小米运用新媒体，聚集了一大批手机发烧友们活跃在小米的各大平台，与这些发烧友们不断进行互动，并且他们还向小米提出各种各样的要求与观点，为小米在软硬件的设计上提供了巨大的帮助。这种营销模式，使设计者可以一门心思设计消费者需要的和最实用的产品，而不是费尽心思去考虑消费者的习惯，客户则可以实实在在地提高自己的体验效果，加之小米每周五更新一次系统，这样小米的发烧友可以不断地满足自己的新鲜感和好奇心，让发烧进行到底。小米公司的成功在另一方面佐证了提高客户体验在现代市场营销中的重要地位。

体验是用户对产品逐步了解的过程，也是用户与企业建立互信的必经之路。给用户带来好的体验，用户就会很高兴地成为企业的"代言人"，帮助宣传品牌，宣传企业，让产品产生良好的口碑，使企业获得较高的利润。

在现实生活中，我们也许会发现，最令用户信赖的品牌，也许在销售和市场占有率方面并不是第一，但他们通过用户体验来不断地打动消费者，之后与用户建立起了强有力的情感联系。

品牌不是企业生产制造出来，也不是传播推广出来的，而是由用户体验出来、感受出来的。企业打造品牌就一定要以用户为中心，搭建商业愿景，精心设计、策划执行每一个体验环节，为用户创造难以忘怀的记忆和感受，品牌就会在用户头脑中生根发芽。

让用户在不断的体验中，形成品牌，并非是一个新的发现，而是一种普遍存在的市场规律，食品饮料、行业的试吃、化妆品的试用、服装行业的试穿、汽车行业的试驾、手机行业的试用等，都是通过体验，让消费者认可产品功能，在他们心中树立良好形象，饮料品感甚佳、衣服好像更合身好看、汽车似乎更容易驾驶、手机感觉更好玩，这些都是特定产品给用户留下的印象，为创建品牌创造了良好的条件。

## “一面四点”，确保用户的真实体验

要让用户对品牌树立最为真实的体验，那就要做好一个“面”和四个“点”的工作。对此，一位品牌专家说过：“消费者的感受是一个非常主观的概念，它不仅受到产品本身功能特点的影响，还与消费者所处的场景、生活经验、营销传播活动、口碑等因素息息相关。”因此，建设品牌，需要企业整合多种因素，营造全面的客户体验，形成系统的感受和联想，概括来讲就是"一面三点"，一"面"即场景；四点，即指产品服务、传播推广、渠道终端和组织四点体验。

1. 体系的基础"面"：以用户为中心构建一个完整的商业场景

一位品牌专家指出，消费者的体验行为都是在特定的场景下进行的，消费者是透过场景来认知产品的，消费者在不同的场景之下，对产品或服务体验后的感觉和记忆亦是不同的。比如，同样是酒水，在星级酒店和路边餐饮店消费，给予消费者的感觉和记忆是不同的，同一款家电的维修服务，你享受厂家专业人员的售后服务和你从路边维修店请人服务，同样都能修好，但给你的感觉是不一样的。所以，你要想营造良好的用户体验，首先就要以用户为中心，构建一个完整的商业场景。

这里的"场景"，简单地来讲就是人们工作生活的多种情景：时间、空间、背景，人的行为以及相互关系组成了场景的结构。在人类生活的场景中，商业行为有参与进来的机会，并会通过多种操作方式，最终实现场景商业化。商业场景是由用户在生活和工作需求为驱动，所完成的一系列与体验相关的行为所组成的情景。比如，信息接触、VR 虚拟场景、购物消费、使用、服务、分享等。

当然用户在整个体验行为中，都有许多细分的体验点：信息源、接触方式、交易、送货、学习使用、服务人员、服务流程等，每个细分的体验点都能够让用户产生十分微观的感受，商业场景的架构建立在用户与企业的体验点之上，体验点共同构成了用户的整体印象和感受，当这种感受牢牢地印刻在了用户的头脑中，挥之不去，斩之不断，就会在用户心中形成强有力的、稳固的、偏好的联想，其品牌便在用户的心中牢牢地扎根了。

由此可知，用户对于品牌场景的商业框架，统领了整个业务蓝图，是整个业务体系的灵魂。

2. 产品、品牌、渠道和组织四点体验

(1) 产品体验。

产品作为创造品牌的重要的物质载体，在如今的经济形势下，它的使命发生了极大的变化，不再只是具有功能性，而负责为用户提供更多的精神感受。所以，为培养品牌的忠诚和品牌共鸣，企业必须确保用户对产品的体验至少符合其期望。一款体验卓越的产品，它的体验效果必须要满足三个要素：功能性、舒适性和服务性。

产品功能性体验，是指用户体验产品的基础，它是指产品满足用户需求的种类和程度，用户对产品功能的感觉如何，能否满足自身的需求，用户对产品的体验认知，可以在一定程度上决定产品的成与败。由于用户的感觉是对比出来的，所以企业必须设计功能相对的参照物，比如产品的使用场景、用户自身消费经验、功效期望值等。

产品的舒适性体验，即为让用户感觉产品使用起来较为方便、顺畅、便捷、好用，得心应手。所以，企业营销要在提升产品的舒适度上面做足文章，强化用户的舒适度体验。当然，这需要企业经营者始终要站在顾客的角度，在细节方面做足文章。比如，卖葡萄酒就赠开酒器，糖浆类药品赠送小量杯等，都能够增加用户使用的舒适性。

全新上市的感康药，更是在舒适性体验上面做足了文章。其最独特的在于它的打开方式，一改传统的单项式抽拉，而是双向抽拉，从药盒的一端拉出说明书，药品便从药盒的另一端伸展出来。这些改变极富人性化，极好地优化了用户的舒适性体验。

产品的服务性体验，即提供极富人性化的服务方式，它是优化用户体验的重要方式。因为服务本身就是产品的组成部分，有形的产品和无形的服务只不过在产品中所占的比例不同罢了。

（2）品牌体验。公司要想给用户带去更多的品牌体验，首先需要以体验管理的方式去创造和管理好与用户相关的各个接触点，这样才能为用户留下难以磨灭的品牌印象。一个好的传播并不是说你的嗓门有多大，而在于你能够通过好的用户体验设计，在用户群中制造成一个激荡器，这个激荡器就像炸弹一样会被扔到人群中间去，形成巨大的扩散力，让用户变成公司的宣传员，情不自禁地向亲人、好友、同事甚至网友去传播品牌。

以海底捞为例，这家餐厅能够在极短的时间内从一家默默无闻的川味火锅发展成为全国知名品牌，其关键就在于它为用户营造了别具一格的体验。只要用户一进店，与其他火锅店的区别就表现得非常明显，也可以说用户无处不体验：候餐区的美食、娱乐项目，儿童托管乐园，热情洋溢的服务小妹，卖力表演的甩面师傅等，这让中国用户有了不同于以往的用餐体验，也因此，让用户牢牢地记住了海底捞，并且开始传播海底捞这一品牌。

（3）渠道终端体验。现在渠道终端已不再局限于销售，而是作为企业与用户的深度接触点，不但可以帮助公司支撑品牌，还能引导客户与企业亲密接触。利用好渠道中的接触点为用户提供更优质的体验，从而提高品牌的影响力，成了传统企业渠道终端升级的重要方向。

在传统的商业模式下，终端的使命就是陈列、POP 张贴等卖场生动化。所以卖场会考核如何更好地堆叠货品，如何更好地提升每单的成交量。至于卖场在销售之外给用户怎样的感觉，不是公司特别关注的方向，公司更不善于创造感受。而在现代商业模式中，卖场完全变成了体验场，这便意味着卖场的使命除了销售之外，还需要肩负起在整个商业场景的体验链，承担其中多个重要接触点的体验营造工作，优化购物环境、加强专业化服务、提升人员素质，将终端逐渐变成体验场，并且担负起为创建品牌营造极致用户体验的使命。

作为传统的家具企业，宜家无疑是渠道体验的典范。宜家秉承缔造极致用户体验的企业精神，将卖场营造成大的体验场。来自四面八方的用户涌入到这里，在这里闲逛，在这里试用各种样品，甚至还会在这里打个盹休息片刻，这个空间让人们有“家”的感觉，来到这里自然而然便会放松下来。

为了给客户营造出“家”的感觉，宜家甚至还准备了一个瑞典厨房，让用户们在逛累的时候还能够感受一下瑞典的美食文化。其实，所有的一切都是宜家对卖场体验的精心设计，当用户们在卖场体验完后，都会对宜家产生极为深刻的印象，并且直觉地认为宜家的商品还不错，服务也很好。就这样，宜家通过“体验场”在用户心中埋下了一颗温馨而美好的种子。

终端体验场为用户零距离体验产品功能、服务提供了绝佳的场所，终端为消费者提供的良好的体验氛围，有助于消费者对产品功能产生正面评价和认知，加深对服务和情感的积极感受，进一步促进品牌的形成。

## 故事化传播：为你的产品讲一个好听的故事

营销时如何提升用户的“黏合度”，如何才能获取品牌消费者中最忠实的用户，最简单最为常用的一种营销方法，便是为你的公司或产品讲一个好听的故事。

李宗盛从音乐人向制琴师的跨界，他翻越了一座人生的“山丘”。他通过给用户讲了一个《致匠心》的故事，引发了诸多人的情感共鸣，使很多人从中看到了自己，为这种珍贵的品质、因为专注于技艺而从容安定的内心状态所感动。就是因为这个故事，使其品牌格调陡然升了一截……

褚橙通过给人讲了一个褚时健老当益壮的故事，王石引用巴顿将军的话即“衡量一个人成功的标志，不是看他登到顶峰的高度，而是看他跌到谷底后的反弹力”，将褚橙赋予了一种精神信念，在故事传播的过程中，褚橙便被附上了一层光晕：励志、上进，也正是这个故事，就将其他千千万万橙子的知名度甩出去几条街……

海尔只讲了一个砸冰箱的故事，让人们相信了海尔的品质，更让海尔冰箱的知名度家喻户晓……

如果钻石本身算作一个品牌的话，它就在20世纪讲了一个最好的故事，“钻石恒久远，一颗永流传”，从此成为忠贞不渝的爱情见证。有什么比讲一个精彩的故事更具吸引力，更加引人入胜呢？

在营销界流行一个词叫作"storytelling"，直译成中文就是"讲故事"，其营销的本质就是给自己的公司或产品赋予一个好听的故事，用别人喜闻乐见的方式表达出来，激发受众的阅读兴趣，搭建品牌与客户之间桥梁的关键。

Daniel H. Pink 在《全新思维》一书中谈到：我们已经进入了一个全新的时代——一个建立在创造性思维全新的和全局能力基础上，以创意、共情、模式识别、娱乐感和意义追寻能力主导的概念时代，而不是以往以逻辑、线性能力为基础的信息时代。消费者接收信息的方式决定了在这个更强调服务和概念的时代，创新型和多样化的故事叙述将成为介绍产品、服务或品牌内涵最有力的手段之一，它将有着连接品牌、产品和消费者的惊人能力。人们普遍都是以叙事性的方式进行思考，我们通过故事来建构、阐发与分享经验，这是人类的自然倾向。换言之，故事具有两大功能：首先，故事帮助人们感知；其次，故事帮助人们体会、评价和处理情感。

没人爱听大道理，最好讲个小故事。这无关人的智商与地位，《故事会》与《知音》有各自的受众群体，机场里的财经杂志同样也靠商业故事让白领达人们沉醉其中。

迪士尼卡通创造出米老鼠与唐老鸭，其中把"老鼠变成米老鼠"转换概念。"老鼠"一般印象并不是让人们都一定喜欢。可是米老鼠就不一样，虽然都是老鼠，但它可以给人们带来快乐，可以获得大多数人们的热爱与好印象——米老鼠就形成品牌。

有句话说得好："大道理敌不过讲故事。"故事营销的高明之处就在于产品故事本身具有自我传播效应，也因此，促成其在二次传播的过程中赋予产品品牌人格化和相关属性，从而提升了产品的品牌性格。故事营销不但能将品牌信息及时、快捷、有效地表达，也更容易进入用户的内心世界形成强有力的品牌记忆符号。几乎每一个成功的品牌背后都有一个精彩的故事。但凡成功的品牌，都是极擅长给它的目标受众群讲故事的，它们懂得将品牌的历史、内涵、精神向消费者娓娓道来，并且在潜移默化中完成品牌理念的灌输。所以说，一个好的营销就是讲一个好的故事。

那么，对于公司或产品来说，在为消费者讲故事时候，应该注意什么呢？

实际上，最好的公司会讲述两类故事来建立强大而持久的品牌。一种是创世纪故事，重点是公司的创业传奇；一种是顾客影响型故事，讲的是公司的产品、服务给人们的生活所带来的积极影响与改变。同时，故事中一定要有鲜明的主题，比如一个励志与梦想的故事，这是当下社会热度一直不减的话题，也是普通大众最喜欢的精神食粮，它给人以精神上的激励和慰藉，给人鲜明的精神冲击力。同时，故事中一定要有个性化的人物、丰富且有冲突性的情节、感同身受的细节等缺一不可。

另外，最为重要的是，你所推出的故事必须要契合公司的产品。只有这样，才能给人以精神上的鼓舞、升华或者激起消费者的兴趣，让他们通过故事牢牢地记住你的产品或品牌，从而达到预期的传播效果。

**每一家伟大的公司都是对某个真实存在的特定用户需求的响应，就如人们一提及梅赛德斯奔驰，便会想起“父随女姓”的故事一般。**

19 世纪末，一个名叫艾米尔·耶利内克的奥地利商人在德国莱比锡出生。他是一个喜爱运动和对技术着迷的人，耶利内克还参加赛车，主要是尼斯赛车周。他的车队名字是以他女儿的名字命名的，叫梅赛德斯。梅赛德斯是一个美丽的西班牙名字，原意是优美、慈悲。这个名字在当时汽车界很有名，但是还仅限于车队和驾驶员。

1900 年戴姆勒公司与耶利内克签署协议，耶利内克向戴姆勒公司订购 36 辆总值为 55 万马克的汽车，而后他又订了 36 辆车。但是，他有一个要求。戴姆勒车的名字，用法语说，鼻音太重，显得很笨拙。而梅赛德斯这个名字，法国人很熟悉，听起来也很令人赏心并且显得高雅不俗。鉴于这一大笔生意，戴姆勒公司同意专门为耶利内克开发新的汽车，并命名为梅赛德斯。这个品牌也迅速崛起，很快成为世界上最著名的汽车品牌之一。

这神话般的一切促使艾米尔先生作出了一个决定：将家族姓氏由耶利内克改为梅赛德斯。这可能是世界上唯一一个“父随女姓”的故事。但是这个故事告诉我们，人们在发展的过程中所付出的一切，以及品牌故事文化于企业的重要性。“父随女姓”的品牌故事文化的背后，是整个家族的付出，更是从发展到强大让人印象深刻需要付出的。

不难看出，故事化营销具有向消费者传递品牌和产品信息，提升品牌内涵与影响力，使消费者产生对品牌的认同等功能。在当今信息过剩和营销概念层出不穷的美妆市场，消费者的认可与信赖无疑是最重要的资源。另一方面，品牌营销的终极使命，绝非仅仅是产品的销售和品牌的知名度打造，而是将品牌的精神根植于消费者的大脑，形成品牌信仰甚至终身消费的伟大品牌。一个全新的概念时代正在向我们走来，它将深刻地改变传统意义上的营销方式。故事是一种沟通方式，也是品牌和产品人格化的象征，没有故事，不成品牌。写出一个好故事，真正地连接消费者内心深处属于人性本质的情感板块，这或许是营销意义上的一种回归。

## 以情动人：感动是一种舍不得离开的体验

营销有两个层面：理性层面与感性层面。理性层面的营销主要是“以理服人”，从理性层面让用户埋单；感性层面，即是以“情”动人，从感性方面打动目标用户群，让他们在感动中埋单。相对理性层面的营销方式来讲，感性层面的营销操作起来难度更大一些，但是一旦获得成功，便能牢牢地黏住客户，因为感动是一种让人舍不得离开的体验。

芝华士是全世界最早生产调和威士忌并将其推向市场的威士忌生产商，同时也是威士忌三重调和的创造者。很多人之所以知道芝华士酒，都是从一则感人至深的父亲节广告文案中知晓的，其内容如下：

因为我已经认识了你一生。

因为一辆红色的Rudge自行车曾经使我成为街头最幸福的男孩。

因为你允许我在草坪上面玩蟋蟀。

因为你总是在厨房里腰上围着茶巾跳舞。

因为你的支票本在我的支持下总是很忙碌。

因为我的房子里总是充满书和笑声。

因为你付出无数个星期六的早晨来看一个小男孩玩橄榄球。

因为你坐在桌前工作而我躺在床上睡觉的无数个夜晚。

因为你从不谈论鸟类和蜜蜂来使我难堪。

因为我知道你的皮夹中有一张褪了色的关于我获得奖学金的剪报。

因为你总是让我把鞋擦得和鞋尖一样亮。

因为你已经 38 次记住了我的生活，甚至比 38 次更多。

因为我们见面时你依然拥抱我。

因为你依然为妈妈买花。

因为你有比实际年龄更多的白发，而我知道是谁帮助它们生长出来。

因为你是一位了不起的爷爷。

因为你让我的妻子感到她是这个家庭的一员。

因为我上一次请你吃饭时你还是想去麦当劳。

因为在我需要时，你总会在我的身边。

因为你允许我犯自己的错误，而从没有一次说“让我告诉你怎么做”。

因为你依然假装只在阅读时才需要眼镜。

因为我没有像我应该的那样经常说谢谢你。

因为今天是父亲节。

因为假如你不值得送 CHIVAS REGAL 这样的礼物。

还有谁值得。

这段文字，将感人至深的父子情感与 Chivas Regal 紧密地联系在一起，可谓获得了极大的成功。某些人从这段文字中读出了感伤，而另一些人则从中读出了感动，大多数人则是因为这段文字牢牢地记住了 Chivas Regal。

在物质极为丰富的时代，消费者购买产品看重的不仅仅是商品数量的多少、质量的好坏及价格的高低，更看重商品所带给自己的情感上的满足，心理上的认同。而情感营销就是从消费者的情感需求出发，唤起和激起消费者的情感需求，诱导消费者产生心灵上的共鸣，寓情感于营销之中，让有情的营销赢得无情的竞争。

另外，在互联网时代，信息大爆炸，各种广告信息铺天盖地，一般的广告套路已经难以吸引消费者的关注，与其“以理服人”，不如“以情动人”。因为情感通过触动人心，让人极易接纳。那么，什么样的情感营销才能打动人心呢？

1. 从用户的内心出发，去感知他们对产品的看法，所寄予的情感要素，探究他们内心的特性与真实的情感需求，然后做到与他们感同身受，这是情感营销打动人心的前提

比如，一瓶洗洁精，你针对的消费群体应该为家庭主妇群体，其营销的核心一定要先阐明洗洁精能为主妇们清洗碗筷所带来的实际的好处。比如更清洁、泡沫更少，残留物更少，并在这些“功效”中渗入情感因素，比如家里的丈夫体谅妻子的苦，特地为妻子选择了这款洗洁精，这种表达方式则更能让人心动和感动。

其实，情感营销的前期策划阶段，一定要将消费者的痛点找出来，找到自己的产品能解决哪些麻烦，这是做好情感营销的一个最佳切入点。否则，任你的煽情方法再高明，消费者也依旧不明所以然。

2. 选择恰当的情感主张与表达方式，让情感营销真正被消费者记住

既然是情感营销，你的营销方案中自然需要一个贯穿主旨的情感主张。这个情感主张可以是亲情、友情、爱情，也可以是坚韧、顽强、不放弃等一些美好品质。但要把握好两个关键点。

（1）情感主张要与产品或品牌紧密契合。许多企业与品牌都曾做过“以情动人”的营销，但真正让消费者记住，或者是留下深刻印象的却很少。一个最为重要的原因便是企业选择的情感主张与表达方式很随便，与产品和品牌本身并无太大的关联。比如，一个与爱情八竿子都打不着的产品，却非要在情人节到来之际，凑个热闹，这种“生搬硬套”式的情感营销方式是难以让人产生感动的。

南方黑芝麻糊可以说是经典情感营销的代表之一，一提到它，消费者脑海里就会冒出家的味道和童年的味道，会情不自禁地想家，想起自己的小时候。

该故事在一片以橘黄色为基调的暖色中展开：典型的南方麻石小巷，橘灯摇曳、晃悠，一条悠远的曲巷深处传来悠长的叫卖声：“黑——芝麻糊哎——”，一个戴着棉帽穿着布衫的少年推门探出头来，不停地搓手、呵气，眼中充满了渴望；小担那头慈祥的大婶正将一大勺浓稠的黑芝麻糊舀向碗里，男孩急不可耐地搓手、咬唇，一副“小馋猫”的模样。当大婶把香浓的黑芝麻糊递给小男孩后，他便迫不及待地大口大口地吃，吃完之后将碗底也舔得干干净净，引得一旁碾磨芝麻的小女孩掩嘴窃笑，但他依然痴痴地贪婪地望着锅中的黑芝麻糊。慈祥的老板娘充满爱怜地摸摸孩子的头，又把满满的一勺黑芝麻糊舀

到孩子的碗中，在这极为温馨的气氛中，广告主题脱颖而出："南方黑芝麻糊，抹不去的回忆。"

该品牌的情感营销之所以如此深入人心，便是因为他们将产品和温情以及家的味道紧密结合，传递出了品牌"一股浓香，一缕温暖"的理念，引发了消费者的情感共鸣，一切顺理成章，深得人心。

自此之后，南方食品公司又倾力打造了诸如"粗粮系列""豆奶系列"等五大系列的100多个品种的强势品牌，这些强势品牌又助力南方食品公司实现了一个又一个的突破。

(2) 善于捕捉鲜少被商业开发的人类共有情感。当满屏都在讴歌自由、梦想的可贵、奋斗至上，不轻言放弃的情感主张时，要想让你的产品从中脱颖而出，就要撇开这些千篇一律的情感主张，而要另辟蹊径，捕捉那些还未被商业开发的人类共有的情感，给人以情感上的共鸣，从而打动人心。

日本武藏野银行成立60周年之际推出了短片《测谎仪》，获得了2012年ACC日本广告节银奖。故事由测谎仪引起，一正一负，一真一假，在对比中传递了品牌的诉求：家乡人应该选择家乡的银行，亲密人之间真诚相待。

几乎每个人一生中都有撒谎，对自己抑或对他人。这是一个社会人性层面的深刻洞察，却被武藏野银行洞察到，并运用到情感营销中。因为视角更独特，更深刻的攫取到了人性深处的东西，该银行的此次情感营销才能成为经典之一。

人心是很难言喻的东西，善于挖掘，善于捕捉，善于发现，才能唤起和复苏更多消费者深眠心底的声音，这样才能起到一鸣惊人的效果。

正所谓"人非草木，孰能无情"。作为人类行为的重要基因，情感在很大程度上影响着人们的思想和行为，尤其在今天物质极为丰富、竞争白热化、人们愈来愈需要情感来填补内心压力和紧张感的社会，情感共鸣是公司市场营销中一个非常重要而独特的因素。因此，在当下市场竞争的新方向，是公司与消费者互动的"情感营销时代"。以情动人，将品牌中掺加"情感元素"，不仅能将产品卖到消费者手中，更能把产品卖到消费者心中，从温暖到感动，再到相随！

## 唤醒消费者的"情感缺失"

一位营销专家说，消费者偏爱购买某一品牌的产品，其原因就是"我就喜欢"，而营销的最高境界也可以归结为"就是让你喜欢"：不仅要把产品卖到消费者手中，更是要让消费者动情，将产品卖到消费者的"心中"去。当然了，除了采用"以情动人"的营销方式之外，还要学会主动去唤醒消费者的"情感缺失"，让产品与消费者建立起某一种情感联系，让消费者在满足情感体验的同时，爱上其品牌。

当中国的诸多冰激凌产品只是靠价格战和终端战来抢夺消费者的时候，哈根达斯就靠挖空心思地最大限度地挖掘消费群体的"情感缺失"，通过满足消费者的情感体验来获得极高的市场占有率。同时，因为这款冰激凌被赋予了"情感价值"，所以让产品本身也有了极高的附加值，一根哈根达斯产品的价格比普通品牌高出了 7～10 倍。

哈根达斯以“爱她就给她吃哈根达斯”的广告语俘获了诸多少男、少女的心。要知道，对恋爱中的宝贝来说，与其说他们感受的是冰激凌口味的纯正，不如说是一种情感的体验。哈根达斯与玫瑰花一样，已经成了爱情的表白之物。

女孩子会对男孩子暗示“爱我就请我吃哈根达斯”。冷艳的外表，火热的内心，让产品成为情感的代言物，哈根达斯不仅仅是冰激凌，而是象征浪漫的体验。为了彰显这一“爱情观 ”，哈根达斯坚持以品质取胜，他们的奶油更多，口味更为绵纯，包装也更为精细。比如，象征思念和爱慕的马达加斯加香草，象征甜蜜和力量的比利时巧克力。强调从产品设计、手册、海报、选址、装修、灯光到色彩都力求传递出浪漫而愉悦的体验。

在物质极大丰富的今天，人们对单纯、美好的爱情越来越向往，而哈根达斯则通过对人们这种情感缺失的挖掘，将产品赋予爱情、表白的文化内涵，便提升了其品牌竞争力。

一般来讲，为引起幻想、为通过感官得到刺激、为引起情绪性的唤醒而去消费产品的，都属于“情感缺失”性消费行为。

正如苹果技术部副总裁所说的那样，产品具有好的功能是重要的，产品让人易学会用也是重要的。但更为重要的是，这个产品能够使人感到愉悦。在 2007 年 6 月的一天，这个被众多苹果粉丝称为“IDAY”的日子，苹果首部手机 iphone 正式在美国市场销售。狂热的苹果粉丝为了买到最新上市的 iphone 手机，不惜排三天三夜的长队。苹果品牌已经不仅仅意味着产品、设计、生活，而成为一种青年人追逐时尚的生活的一种象征，这种对品牌的狂热，代表了人们由理性消费到对品牌崇拜般的感性消费所取代了。

作为一个年轻人，谁不想通过张扬的个性来彰显自我的价值，谁不想让青春的热情通过某种渠道喷薄而出，谁不想通过不一样的表现吸引别人，尤其是受到异性的关注。而苹果公司正是抓住了目标群体的这一“情感缺失”，迎合年轻人的这些想法，将情感需求和科技完美地嫁接起来，便成就了诸多的“果粉”。

法国是世界上最浪漫的国家，法国男人经常到酒吧里喝酒。女士们对此都非常不满，他们认为酒吧的酒要比家里的酒要贵得多。

于是法国的妇女团体掀起了回家喝酒运动，劝谕消费者家里的酒更好喝，记得常回家看看，家庭主妇都在家里设置一个酒柜，然后穿上超短裙等待老公回家喝酒。

从此，大小酒吧开始门庭冷落，而男士们在家里喝酒也不尽兴，全法国的酒的销量开始直线下滑。为了救市，法国酒业协会便大张旗鼓地做了一个广告：“美酒的滋味，只有在酒吧里才能品尝出来！酒吧里不仅有好酒，还有坏女人。”就这样一个广告语，彻底地摧毁了法国的“回家喝酒运动”。

法国酒吧的这句广告语，就是从深层的角度挖掘了消费者的情感需求，让男人们彻底改变了原有的想法，重新到酒吧去喝酒。

从需求的角度分析，人的需求一般分为三个层次：从内到外分别是情感需求、社会认同需求与功能需求，一个成功的品牌需要满足消费者这三个层次的需求：赋予品牌拟人化的情感符号，获得社会认同的社会价值符号与产品特点。如果一个品牌能够很好地满足消费者最深层的情感需求，则有助于与消费者形成情感纽带，促成品牌的可持续发展。当然，这其中的关键就在于你是否能够针对你的产品，真正地挖掘出目标消费群的情感需求。

## 营销的最高境界是和消费者“谈恋爱”

一位营销达人说，品牌营销的最高境界不是用产品“黏”住用户，而是通过适当的营销方式与用户群建立起极为牢固的私密关系，成为“相见恨晚”“情投意合”，甚至“肝胆相照”“两肋插刀”的朋友，即是品牌让消费者的消费行为变成“自发、自愿”的行为，说得通俗一点，就是让品牌成为“姜太公钓鱼”的鱼钩，让品牌成为承诺，成为偏爱，成为依赖，成为新娘嘴里的“我愿意”。

从营销学的角度分析，品牌诞生的重要意义，就是为了与消费者交流，它作为公司产品或者服务的象征，承担的是沟通与交流的使命，它的目的在于获取认同、喜好、消费和忠诚。品牌塑造的方法有千万种，但目的只有一个，那就是建立起与消费者的情感认同。

一位营销专家说过，营销工作的关键点就是赋予产品以鲜活的生命力，将产品变成消费者的恋人，让消费者与产品建立起情感联系，爱上品牌。

在企业与消费者谈恋爱的“情感营销时代”，营销就是和消费者谈恋爱，让消费者动情，让消费者对品牌产生情感忠诚。品牌与消费者谈恋爱，他们有着互相喜爱的情感、共同的价值观、可以信任的感觉。

品牌的最高境界是不仅要把产品卖到消费者的手中，更要把产品卖到消费者心中，从“就要你喜欢”到“我就喜欢”！让品牌与消费者“谈恋爱”，建立起一种“情感魔力”，深深地吸引住消费者，让消费者对品牌忠诚恒久、不离不弃，这样，企业也才能够叱咤风云、基业长青！

当然，企业要想与消费者谈一场旷日持久的“恋爱”，那么应从哪些方面去努力呢？

1. 构建固定化的情感服务模式

生活中，我们该如何判断某种营销模式是否成功呢？是一次促销活动引来了多少消费者，还是签单量、营业额，抑或者是利润率？正如舒婷的《致橡树》里所说的：“不，这些都还不够。我必须是你近旁的一株木棉，作为树的形象和你站在一起。根，紧握在地下，叶，相触在云间。”

因为营销不同于促销，不是一味地以低价去获得消费者的青睐。因为，当消费者对品牌产生好感、心生爱慕，并且产生依赖时，消费者的忠诚度自然就建立起来了。如果品牌能够一如既往地忠贞不渝、细心体贴，始终注重消费者的满意度和情绪感受，那么这个品牌想不深入人心都难。当然，要做到这点，就需要企业推行的情感服务要长久地贯彻执行下去。从根本上来讲，服务就是展示商品的重要窗口，如果三天打鱼两天晒网，不仅不能让消费者始终保持对品牌的忠诚度，还会影响产品的销售，同时也容易对消费者造成一定的伤害，对产品和服务失去信心。

2. 构建生动化的情感服务模式

情感服务模式的生动化，是指企业在进行情感服务时要始终围绕着人性和情感这一主题，带着这种理念将产品和服务融入消费者的生活之中。

实际上，这种模式也可以被认为是以前的售后服务，定期地对产品和服务进行跟踪与回访，然而，传统的电话回访已经满足不了互联网时代消费者的心理需求，只有真正地走进消费者的生活，贴近他们，才能倾听到他们内心的真实声音，然后根据实际需要为他们提供亲情化的沟通，满足他们的心理需求和精神需求，从而增加消费者对品牌的黏性。

3. 构建多样化的情感服务模式

在过去，为了提升品牌的影响力与产品的销量，许多企业打着为消费者提供服务的旗号，投入大量的资本举办免费体验、大型科普等活动。不过，虽然活动的名头很大，但往往响应者则极少，即便有消费者参加，多数也是冲着企业承诺的好处去的，因此对于品牌影响力与产品销量的提升基本上不起什么作用。

相反，如果你能做一些比较有意义的并且能让消费者感兴趣的公益活动，如有奖征集与产品相关的广告语、软文等，能够迅速地提升产品的知名度和影响力，可谓是事半功倍。

4. 构建创新化的情感服务模式

企业进行情感营销不要局限于自身的情感营销队伍，还应该将目光放在更为广阔的范围，走近消费者，从他们当中去寻找产品顾问，让他们为企业的产品代言，逐渐将产品的判定权放在消费者的手中。如果产品能够得到消费者的一致认可，那么品牌一定能够在市场上站稳脚跟。企业通过这种创新化的情感服务模式便可以将情感营销的效果发挥得淋漓尽致。

# 第十章

# 谁找准了用户的“痛点”，谁就赢得了用户

对公司来说，要做大客户，最重要的就是要做好营销。而做营销的本质就是“找痛点”，即发现用户的痛点，比营销战略更为重要。激发并且满足用户的潜在痛点，便能够打造出爆品来。可以说，在新的经济形势下，随着产品的多样化与同质化，对公司来讲，谁找准了用户的“痛点”，谁就赢得了用户。

## 吸纳客户的机会：找准“痛点”，并解决它

“出行难、打车难”曾经是许多都市人的“痛点”，为此，有人便紧紧地抓住了消费者的这个“痛点”，运用互联网思维，并且推动整个汽车产业的整体升级，于是便诞生了“滴滴打车”。可以说，能迅速地抓住消费者的“痛点”，是滴滴获得快速发展的立命之本。

2016年1月6日，上线两个半月的滴滴试驾业务首次公布了成绩单：覆盖19个汽车品牌93种车型，累积订单达到140万个。按照滴滴方面的规划，除了创新的整合共享资源，提供试驾服务外，未来还将依托大数据，开展一系列的基于汽车厂商、经销商的服务。

滴滴出行董事长兼CEO程维说：“我们不断通过互联网解决传统问题。正是因为互联网，正是因为创新与传统行业用户痛点相结合，才有了滴滴。”

“滴滴打车”自上线以来，不断地升级更新业务模式：滴滴出租车、滴滴专车、滴滴快车、滴滴代驾、滴滴拼车等，每个新的业务模块上线之后，都能够迅速地打开市场，深受用户的欢迎。其营销成功的原因很简单：戳中了人们日常出行难、打车难的痛点。

实际上，在互联网时代，消费者的消费具有高效、精准、个性化、互动性强等特点，这使消费者的使用权力增加，大大地提高了企业的竞争强度，加速了企业的优胜劣汰。可以说，在新经

济时代下，决定企业真正价值的，就是看你能为消费者解决多大的麻烦。

《中国的超级消费者》一书的作者迈克尔·扎克认为，所有企业都要为抢占这片市场做好准备工作，即使是一些小微型企业也可以从中获取收益。超级消费时代，谁抓住了消费者的“痛点”，谁就赢得了消费者，也就意味着赢得了市场。这里所谓的消费者的“痛点”，即指痛苦、麻烦、不便、窘迫、难堪、焦虑，就是去研究他们在使用产品服务过程中的负面体验、消费情绪和心理落差，所有这些元素都可以归结为一个词：用户痛点。

存在用户痛点的地方，必然对应着商机和相应的营销机会。具体简单而言，痛点营销是基于用户痛点及其背后的真实需求，对产品或服务的相关针对性功能用予以渲染，以消除或缓解用户痛点为营销的主诉点求，以便直击消费者的痛点和软肋，产生“打蛇打七寸”之功效。可以说，在新的经济形势下，在基于你产品的基础上，你若准确地找准了消费者的“痛点”，就等于赢得了客户的心。当然了，基于产品基础上的用户“痛点”的影响方式实操，通常有三个步骤：

1. 诊断痛点

一些企业营销的决策往往是依据“我们想怎么做”，而非“用户想要我们怎么做”。其实，对于企业的营销而言，真正有价值的就是用户的所感所想，诊断用户痛点的最终目的也是为了满足用户的需求、赢得市场。站在用户的角度去考量问题，企业会更加容易筛选出哪个才是用户最在意的痛点，从而节约成本，快速作出正确的营销决策。

这里要指出的是，要诊断出用户的“痛点”，一定要具有“同理心”，能与用户感同身受。

心理学中有一个专业名词叫“同理心”，通俗来讲，就是换位思考，即指站在对方的立场上设身处地地思考问题的一种方式。也就是人际交往过程中，能够体会他人的情绪和想法，理解他人的立场与感受，站在他人的角度思考和处理问题的一种方法。

企业营销人员在研究用户的时候，也需要有一颗同理心，主动理解用户的诉求，理解他们的处境，站在他们的角度去帮助解决问题。

要摆脱“为自己做产品”的单向思维，设法做到和用户感同身受。通过细致入微的心理把控，实现对产品设计的精准拿捏，满足用户在生活、社交、娱乐过程中所需要功能、特性、服务，提供直击用户内心痛点的产品功能。

史玉柱东山再起后，开始做网游。开发征途游戏时，他没有经验，有的只是玩游戏的经验。如何才能够打造出能击中用户痛点的产品呢？史玉柱使用的方法极为独特，也很简单，就是找潜在的游戏玩家聊天，大量聊天，将他们研究透。

据悉，在这个过程中，史玉柱先后找了2000个玩家聊天，每个至少聊2小时。总计就是4000小时，平均一天10小时的话，也需要400天。这是一项浩大的工程。

当然，史玉柱也可以不这样做，可以象征性地找几个典型用户大致地沟通一下，其他全凭个人想象去弥补。

这种方式省时省力，但是它不可能洞悉如此多用户在网络游戏中的兴奋、紧张、激情、愤怒、郁闷、心跳、刺激、张狂、霸气、嫉妒、失落、沮丧、掌控、宣泄、君临天下、说一不二的细腻情绪。

这些用户的小情绪被史玉柱摸得一清二楚，了如指掌。

后来的事实也证明，征途游戏最吸引人之处，也正是给了用户上述情绪一个合适的载体、一个恰如其分的释放机制和平台。

2. 凸显差异

痛点的本质是基于对比。比如，对某项产品或服务的期望值过高，而实际购买的产品或服务未能够达到这种期望值，其结果就是落差。这种由对比而来的落差，会给用户带来痛苦。营销人员应基于对比，找到企业产品、服务和精品的差异，提炼出差异化优势，才能更容易打动用户。

3. 证明收益

要形象具体的将产品、服务所能带给用户的差异化价值、收益展示出来，而不是单纯的描述。

国内旅游市场，游客的痛苦体验集中反映在：1. 行程安排太过紧凑，永远都在赶时间，大部分时间都浪费在了途中，真正的景点游玩时间少之又少。一路下来，没有欣赏到多少美景，却被折腾得疲惫不堪。2. 虚假低价，旅行社以低价团来吸引顾客，到了目的地，很多隐形的自费项目开始显现出来，最终算下来，花费并不低，甚至还高于那些高品质、品牌性的旅行团。3. 强制购物，变相购物，本来是出去玩，却成了购物一条龙，进入的各类购物场所比景点还要多，坑蒙诱骗的现象时有发生。4. 团餐不好吃，服务不到位，运气不好的，旅客还会遭到谩骂、殴打。途牛网根据这些让游客叫苦不迭的痛点，策划出了新的旅游产品“牛人专线”。

在某旅游网站的视频广告中，镜头全都是与传统旅游产品的对比：一个行程安排紧张而急促，一个悠然自得，精心享受美食，欣赏美景。这种对比，正淬砺了网站的那句口号：同是跟团游，何不更享受。这样一方面凸显了产品的差异，同时也让人看到了价值和益处。

另外，要找准用户的“痛点”，还要准确地识别用户的“伪需求”。即有些需求，去问客户时，他们提出的往往是表面的需求，在背后还有潜在的、不好说出口的需求，营销人员要去伪存真，发现伪需求背后的真实意图、真实需求。

滴滴打车早期的运营模式下，没有派单，都是出租车自己抢单。由于手机性能、个人使用熟练程度的制约，导致有些司机总能抢到单，有些司机则老也抢不到，抢不到的逐渐就退出了滴滴平台。

为了解决这个问题，滴滴推出了“滴米”调度系统。这个系统通过大数据和调度规则会判断出订单的好与坏。如果司机抢到“好单”，系统就会扣“滴米”，“滴米”量少会降低今后接“好单”的机会。相应地，司机抢到“坏单”，系弘则会增加“滴米”，进而提升抢“好单”的概率。

这个调控手段从逻辑上面看是没有问题，但是用户反馈回来的都是负面反对声音。这一结果让滴滴营销团队一度怀疑他们的调控措施。

好在他们没有贸然调整，而是深入地分析了用户的反馈和相应的大数据，发现真实的情况是：公司整体客户的留存率高了，总体订单量也上来了。

原来滴滴营销团队收集到的抱怨和反对声音来自先前的受益者，他们不希望新的调控措施导致自己的利益受损。

弄清楚了这一点，滴滴营销团队坚持进行调控，后来的事实也证明，这一坚持是正确的。

总之，用户调查、反馈是极为重要的，但是也主要注意负面反馈容易被放大的事实，不要让需要的调查反馈信息来左右企业的决策。

## 优化你的产品：从“卖点”之中找出“痛点”

传统企业的营销模式，主要突出产品的核心“卖点”或核心优势，但是，随着人们需求的多样化，你的产品的核心“卖点”也可能会存在一些不足，要真正地留住用户，你需要做的就是最大限度地优化你的产品或服务，从核心“卖点”中找“不足”，找“痛点”，也就是说要让你的产品变得更为“完美”，这样才能牢牢地粘住你的客户。

需要注意的是，产品的“卖点”表现在两个层面，第一个层面是指产品战略上的“卖点”，具体指企业、品牌的核心能力、核心竞争力。实际上，你的产品拥有核心能力或核心竞争力，并不意味着要面面俱到，所有领域都超出竞争对手，有时候只需要在特定领域、特殊层面超出竞争对手，比对手做得更深入、更到位，即能获得竞争优势。

海底捞火锅在口味和服务上，已经将自己的品牌推到了餐饮行业中的领先地位。但是，海底捞却不满足于此，处处在自己的核心领域中，找“痛点”。最终，它将顾客的服务已经做到了近乎“变态”的程度。说海底捞服务的“变态”，是因为它的周到细致已经远远地超出了人们的想象和心理预期。

在海底捞排队用餐的时候，顾客可以享用免费的饮料、水果和点心，甚至还可以享受免费的擦皮鞋、贴手机膜、美甲的服务。在餐桌就座后，服务员会给顾客拿来手机套，以防弄脏手机，菜可以点半份，饮料可以免费无限制续杯，就连上洗手间都有专人服务，递洗手液、纸巾，甚至还会为女性朋友在专用通道上准备“卫生巾”。这种细致入微、体贴到位的细心服务，达到了每一位顾客的“被重视”的心理预期。在常人眼里，在顾客的眼中，它的服务已经有些“变态”，有些不正常了，已经超出了商家基本的服务范畴了。无论用户有什么样的需求，它们都认为期望得到这种服务是合逻辑的，不是过分的，不能奢望的。也正因为如此，海底捞的服务才击中了顾客的神经，超出他们的期望值，让每一位顾客都如痴如醉，甚至自愿做企业的免费宣传员，口碑相传，让更多的人知道了海底捞。

对于海底捞来说，其核心价值在于其独特的口味与周到的服务，但是，他们不满足于此，在基于自我核心竞争力的基础上，还力求做到更好，更细致、周到，这样才致使海底捞远远地甩同行几条街，永远以口碑制胜。

所以，在任何时候，即便你的产品已经在同行中做到“极致”了，都不要忘记时时去寻找用户的“痛点”，它是让你时时站稳脚跟、提升自我价值和竞争力的关键所在。

产品的“卖点”的第二个层面，指的是战术上的“卖点”，即企业具体的产品、服务上的卖点。此处所谓的“卖点”，是指卖产品、服务具备了前所未有、别出心裁或与众不同的特色、功能、内涵。这些特色、功能和内涵包含两个部分，其中一部分是产品、服务与生俱来的，另一部分是通过营销策划人员的想象力、创造力来“无中生有”的。无论它从何而来，只要能使之落实于营销的战略技术中，化为消费者能够接受、认同的利益和效用，就能够达到产品畅销、塑造品牌的目的。

以往，营销界的主流思想是“定位理论”与“USP 工具”，营销人员在日常工作中都在挖空心思地提炼产品的卖点。

然而，随着一批批极具时代感和竞争优势的互联网公司的横空出世，借助其互联网思维中的专注、极致、口碑、快速、微小、聚焦等全新的理念，进行产品微创新，并且在市场上获得巨大的回报，赢得了高度的品牌黏性，一个新的痛点营销思维逐渐被用户所认可。

在这种思维之下，曾经让营销人员绞尽脑汁、夜不能寐的“找卖点”工作，也就顺势演变成了“找痛点”。表面上看似只有一字之差，效果却是南辕北辙，天差地别。

找卖点是一种厂商思维。营销人员习惯地站在自身的角度去发现企业、品牌和产品的优势，这种优势可能是相对的，也可能是绝对领先的，它的潜台词是：我的优势是什么？我拥有竞争对手所不具备的；我比竞争对手能更好地满足用户的需求；我的什么优势值得用户购买等，不过，这种想当然的单向思维并不有去关心“消费者究竟需要什么”“影响他们购买的因素是什么”“消费者最大的顾虑和担心是什么”“消费者为什么愿意付费”等问题，因此，在实际的营销工作实践中，很容易出现孤掌难鸣的尴尬，难以获得消费者的认可和青睐。

“找痛点”则不同，它是一种彻底的用户思维，是营销人员真正地设身处地地站在消费者的立场上，建立在他们真实需求的基础上，去发现他们痛点背后的需求，再配合以“针锋相对”的营销策略，打蛇打七寸，才更容易打动消费者。

六膳门是一家做餐饮外卖的公司，用户群体是大学生。创始人哈楠的创业初衷源于个人对外卖行业的许多的不爽体验。他说：“上学时，在学校吃到的外卖太难吃，而且不干净、送餐慢，常常拿到外卖餐都已经凉了……目前市场上的外卖品牌不多，做得好的也不多，所以自己决定创业，彻底‘解救’学弟学妹们。”

寥寥数语，却道出了眼下外卖用户的诸多痛点：

第一，食品不够卫生；第二，送餐速度慢；第三，只能填饱肚子，外卖快餐口感太一般，甚至难以下咽。而接下来，六膳门是如何尝试来解决这一系列的外卖消费痛点，构建自身核心能力的呢？

首先，外卖快餐，惟快不破。市面上的外卖商家送餐时间多在 30～50 分钟，甚至 1 小时以上，很大程度上恶化了用户的消费体验。六膳门通过建立自有的销售渠道，设置中央厨房和构建遍布北京高校及白领所在区域的配送点，通过线上线下协同，提供一站式的外送服务，将平均送餐时间降到了 20 分钟，大大提升了用户的体验。

其次，在确保快的同时，注重食材、口感、品质、卫生和包装，为用户提供了高品质的外卖食品。这些努力，构筑了六膳门之于竞争对手的独特优势，为自己铸就了高高的竞争壁垒和介入围墙。所以，对企业营销而言，“我是谁”有时并不重要，关键是“消费者认为我是谁”，这是一种从用户角度反观企业的营销思路。

当然，用户对于企业的印象来自企业对自身形象的传播，企业必须首先搞清楚“自己是谁”“自己究竟要干什么”，然后结合用户的“痛点”和需求，结合产品的卖点和优势，持续有效地进行传播，才能真正地赢得客户，树立起企业的品牌。

## 以用户的“痛点”为导向，做差异化定位

随着商品经济的繁荣，市场上产品出现了诸多的同质化，这也是导致许多公司缺乏竞争的关键所在。客观地说，同行的企业之间，无论是技术、设备、工艺、产品、服务、价位，几乎没有任何的区别，营销策略跟同类企业也是大同小异。这样做的结果就是，很容易与同行打“价格战”，与同行进行“血拼”。所以，要使你的公司摆脱这种发展的窘境，那就要以用户的“痛点”为导向，做差异化的定位战略。

所谓的品牌差异化定位，是指企业对自身产品在特殊功能、文化取向及个性化差异上的商业性决策。它是建立一个与众不同的品牌形象的过程和结果。换言之，即指为某个特定的品牌确定一个区别于竞争品牌的卖点和市场定位，使其在消费者的心中占领一个特殊的排他性的位置。也就是说，在许多行业中，产品和用户已经基本被“定型”，你要想在品质上超越对手是极难的，那就要与竞争对手做得不一样，即做出“差异化”，即跟竞争对手做得不一样，就相对容易些。一旦做到不一样，做出差异化，你的竞争优势更被凸显出来了。举个简单的例子，你做手机，主要的功能是打电话、聊天，我就要做得和你不一样，突出手机的游戏功能，这样就是差异化。因为有了差异化，就没得比较，没有比较也就没有价值竞争。

对于公司来说，如何才能做出“差异化”，即从企业现然的资源中提炼出卖点，根据主要目标用户的“痛点”，做出差异，

形成优势，打造核心竞争力。要知道，在现有的市场经济下，你要做那种常规的、毫无任何差异性、不痛不痒的产品与服务，极难在市场有立足之地。

当然，很多公司的领导会说，公司本身跟竞争对手没有任何差异和优势，那怎么办？这里的挑战就在于，就要充分发挥营销人员的想象力和创造力，去提炼卖点，打造优势，形成差异化竞争力。对很多公司来说，这里还面临着一个挑战，那就是差异化定位战略要结合用户的“痛点”，根据用户的需求来进行，否则，很多消费者不愿意为你的“差异化”进行埋单，那就惨了。

一个做彩灯起家的广东商人，在彩灯市场达到饱和之后，他想做差异化生产。他发现家用保险丝产品没有企业涉足，而保险丝又是每家每户都要用到的。这不是一个“差异化”发现吗？于是，他很是兴奋，于是投入大量的资金和资源，组织研发生产保险丝。结果他坚持了 2 年，亏损了 1000 多万，最后发现了一个残酷的事实：家用保险丝市场不是没有人做，也不是没人发现这个市场，而是做出来的产品根本没人愿意埋单。

所以，单纯的差异化是没有意义的，必须要结合用户的痛点进行。要知道，无论你做什么，都要以用户的“痛点”为导向，否则，生产出来的产品没有需求，你也将付出极为惨痛的代价。

当下，许多城市纷纷下发了“禁摩令”，很多城市中骑电动车自行车的用户也越来越多。但每逢夏季雨水多的时候，因为排水系统的不畅，很多城市都会出现积水。这种情况下，如何安全骑电动车涉水回家，成为了很多消费者的一大痛点。

某一电动车品牌，根据消费者的这一“痛点”，研发出了不怕水的电动车。在该电动车上市的前夕，其线下的专卖店进行了一次促销活动。在活动现场，比大大的活动拱门更吸引眼球的，是一个长方形的水箱，里面放了一辆发动起来的电动机。水箱外面有一句广告“××就是牛，水里也能游”。很多顾客都为此吸引住了，路过的都会驻足观看。

这就是根据用户的“痛点”，进行的差异化定位的成功案例。电动车性能都是大同小异，而该电动车的营销策划人员能够捕捉到“水中游”这个差异化卖点，击中了用户的“痛点”，一下就与竞争对手的产品区分开来了。当然了，别的品牌可能也具备这个功能，但是却没能将这差异化功能很好地展示出来，便只能够熟视无睹了。

这种差异化的卖点，也容易击中用户的兴奋点，激发他们的购买欲望。

乔布斯曾经透露，苹果公司一开始并没有想到一定要做一款iPhone手机。原因在于他与公司高管团队在一起经常表达他们对自己手机的无比痛恨，这才让他们意识到，其他消费者可能也会面临同样的问题。乔布斯认识到，如果苹果公司能够消除消费者在使用手机中的一些“痛点”，他们也许就能制造出更好的手机，就能改善用户体验，改善消费者的生活。

于是，我们看到了，一个以消费者的痛点为出发点来定位的全新的苹果触屏智能手机，彻底颠覆了产品功能为主导的诺基亚的功能机。

要知道，基于用户的体验的微小创新，就有可能诞生突破性的颠覆产品，形成差异化的竞争优势。而这些微小的创新，通常存在于消费者的抱怨和痛点之中。

## 产品迭代的秘密武器：微创新

阿里巴巴将在纽约证券交易所上市，这个美国史上最大规模的 IPO 将给中国制造最起码 30 个亿万富翁，200 亿美元的筹资规模的确很霸气。对此，《华尔街日报》专栏作家安德鲁·布朗这样点评道：阿里巴巴将西方已有的商业模式本能化后建立了庞大的电商帝国，推翻了人们对于“中国不能创新”的迷思，这不同于发明。中国许多最具创新性的公司都不是来自灵感的闪现，而是在一系列渐进式的变化中发展起来的。

《华尔街日报》也进一步指出，渐进式的创新能够形成良性的循环，可以使产品价格更低、更容易获得，这也具有革命性的意义。这种渐进式的创新，确切地说，应该是微创新。它是新时期产品迭代的秘密武器。

周鸿祎称：你的产品可以不完美，但是只要能够打动用户心里那个最甜的那个点，把一切问题解决好，有时候就是四两拨千斤，这种单点突破就叫作“微创新”。这里的“微创新”是以用户体验为中心的应用创新，它对应的是颠覆性的创新。“微创新”有三个关键词，也是三个“微”，第一是“微小硬需”，第二是“微小聚焦”，第三是“微小迭代”。在如今的商业时代下，那些颠覆性的创新的机会越来越少，难度也越来越大。我们很难看到一个公司仅仅靠一项技术就产生颠覆性的改变。今天的公司，无论是互联网公司还是传统的企业，其最核心的快速迭代武器就是微创新、微革命。

举个事例：冰箱的发明属于颠覆性的创新。它给用户带来的前所未有的制冷效果与食物保鲜体验，给人们的生活带来了颠覆性的冲击。但是冰箱这项产品，至此就没有渐进的机会了吗？

答案是否定的。冰箱的发明，固然解决了人们想对抗食物在高温下无法保鲜的痛点，但是随之，一些次生的痛点和需求也会凸显出来。比如：

第一，冰箱太过耗电。买得起，但是用不起。在一些居民家中往往出现这样的情况，冰箱倒是买了，也装上了，但是为了省电，也不敢怎么用。

第二，噪音太大。有些品牌的冰箱，尤其是早期的产品，噪声太大，吵得人心烦，睡不着觉，无法静心工作。

这些问题对于用户来说是新的痛点，新的问题，对企业、对产品经理而言，却是不可多得的机会。我们看到一些用心的企业已经将这些痛点视为切入点，来进行微创新、微革命，来改善产品，提升用户的体验。

其实，在日常生活中，类似于用户的痛点和微创新机会几乎是无处不在的，发现它们，解决它们，就意味着机会。

人们平常看电视、用电脑，经常会遇到一些烦人的体验：找不到遥控器。针对用户的这一痛点，小米电视 2 进行了微创新，增加了一项新功能：自动寻找遥控器。谁能够想到，就是这一点微不足道的产品创新，却被许多用户评为最痛点产品。很多人就是冲着这个功能，而购买了小米电视。

其实，在各行各业中都可以通过一点一滴的微创新，赢得消费者。当然，要进行产品的微创新，必须要警惕三个问题：

1. 必须要找到消费者的“痛点”需求，而不是仅凭个人意愿去进行微创新，否则，你的这种微创新就成了一种华而不实的

“摆设”

2. 在微创新之前，一定要找到自己的核心用户，切勿一上来就想摊大求全，一上来就想搞定所有的用户

做产品，首先一定要搞定一小部分的“种子”用户，让他们通过“滚雪球”的模式来传播你的产品功能，让它像滚雪球一样越滚越大。其实，你会发现所有流行的产品一开始都是小众产品，只有先做好小众，才能做好大众。

3. 别被“专家思维”所误导

做产品，很多时候不能像专家一样去思考，要像“脑残”一样去思考，因为只有立足于普通大众身上的产品，才能有大的市场。因为用户体验的最高标准就是“脑残”，国外一本书叫《Don’t make me think》（别让我思考），如果让我翻译成中文应该翻成“脑残”，我们做产品一定不要像专家那样想问题，而是要站在用户角度，像“脑残”一样想问题。

## 对准客户的“痛点”，持续地刺激

一对年轻的夫妻逛商场，妻子看上了一套昂贵的餐具，有些拿不定主意，不时征求丈夫的意见。而丈夫却表情僵硬，无动于衷。妻子舍不得离开，又去看别的餐具。

这时，一名促销人员上来悄悄对先生说：“放心，这么贵重的餐具，你老婆是不会舍得让你洗的。”

丈夫如梦初醒，当即同意了妻子的购买要求。

这个实战案例中，营销人员抓住了男士不爱洗碗的痛点，成

功地促成了交易。洗碗不仅仅是男性的痛点，也让很多女性为之抓狂。所以，要判断你的产品能否获得大众的认可，你的营销是否成功，关键在于看你能否准确无误地戳中用户的“痛点”。在社会化生产高度发达的今天，人们面对近乎无限的选择和海量的商品，每一种产品都会有无数同类产品进行比较。用户的消费行为也变得日渐挑剔，逐渐从“盲目”转化为“理性”。因此，产品营销方案也务必要戳中用户的痛点，对症下药，方能够脱颖而出，引起用户的关注。用这个理论进行推论：如果你要使产品在同类产品中脱颖而出，就要懂得抓住消费者的“痛点”，然后采用狂炸式营销的方式，对其痛点进行猛戳。

美国营销专家利奥·伯内特提出了一条伯内特定律。它的内容是：产品要占领市场，首先要占领消费者的头脑。只有占领用户的“心智”，他们在需要你时，才会首先想起你。进入用户心智，需要不停地对他们进行消费理念、品牌形象与产品优势的灌输，要反复地刺激用户痛点，直至他们形成条件反射，遇到类似痛点时，首先想的就是你的企业品牌和产品。

“新盖中盖”的营销案例，这一营销案例的成功，除了前期有效的市场调研和直击用户痛点的广告语之外，更离不开长时间的坚持。“这人啊一上年纪就缺钙，过去一天三遍地吃，一片顶过去五片！一天一片，效果不错！”这条广告先后打了很多年。如此这般广告轰炸之下，才使得“新盖中盖”彻底占领了用户的心智，让人们一缺钙，就会想起“新盖中盖”。当然，脑白金式的广告亦是如此，采用狂轰滥炸的模式，彻底地占领了人们的心智。

从营销学的角度分析，这种抓住了消费者的“痛点”后，对此进行猛戳的营销方式，实际上就是通过占据消费者的“心智”，让品牌在消费者的脑中彻底“扎根”，从而达到营销的目的。史玉柱曾对《赢在中国》中的选手说：“品牌是需要时间积累的，不能仅靠一个月、两个月的狂轰滥炸便想取得多大的成效。中国企业创建品牌通常都有一个毛病：今年一个策略，明年一个策略，后年又换一个策略，费钱费力，还没落个好。”

对这种重复打广告的策略，史玉柱有自己的独到见解：

“广告最怕变，因为你一变，前面的积累便也丢了。广告，它其实是一种投资。它在消费者大脑里面，是对消费者大脑做的一种投资。所以广告是一个积累，最怕的是打一段时间就换，尤其是打了半年一年就换掉，这样，你前面花的钱基本上就浪费掉了。所以广告语能不变尽量不要变。”如果你正在策划一套旨在通过重复刺激用户痛点培养用户消费习惯的营销方案，应首先回答以下几个问题：

（1）你的用户有哪些痛苦和不便？

（2）你的用户迫切需要解决哪些问题？

（3）你的产品能帮助用户解决什么问题？能在多大程度上缓解他们的痛苦？

（4）现在用户是怎么解决这个问题的？

（5）为什么用户需要另外一种解决方案？

（6）你希望用户使用产品的频率是多少？

（7）你想让用户形成怎样的消费习惯？

（8）如何全方位地通过痛点刺激让用户形成以上习惯？

等你回答了以上的几点，再判断你的产品是否适合采用通过不断刺激消费者“痛点”，让其对你使用你的产品形成习惯。当然了，不断地刺激用户的痛点，还应当注意以下原则：

第一，一般不能正面提及顾客的痛点，更不能进行攻击、挖苦。让人尴尬的痛点，不要正面提及，以免让用户难堪、反感，更不可以以攻击、挖苦的形式去提及用户的痛点。

第二，从不同的方面刺激顾客的痛点。用户多方面的具体问题，都有可能是痛点。如果你并不能完全确认用户痛点的时候，不妨从多个方面去刺激。

第三，应当反复刺激用户的痛点，直到用户接受。当你发现用户对某一方面敏感时，则要变着话题，多角度刺激那一个痛点，甚至是重复进行，在用户心中留下深刻的印象。

## 消除痛点，找准“愉悦点”，要让用户感到满足

“痛点”营销，说白了就是解决用户的烦恼、痛苦，让用户感到“爽”，这也是最高级的用户体验，从最根上解决掉客户在购买过程中的“抗拒点”。

“微信之父”张小龙有这样一个观点：很多大公司能够过技术这一关，但他们缺乏的是艺术，缺乏的是哲学层面上的思考，因此产品让用户感觉不到爽。在张小龙看来，做产品需要去研究人心，而不是去研究一个产品的逻辑。因为消费者不会过多地去关注产品的逻辑，他们想要的只是一种很爽的感觉。

让用户爽，也是企业营销过程中需要时刻考虑的一个问题，它事关用户体验。换句话说，让用户感到爽，才会有成交；让用户感觉到爽，才会重复消费；让用户感觉到爽，才会口碑相传。

当然，要让用户感到爽，有两个切入点：

1. 最大限度地消除用户的“痛点”

有一俗语叫“锦上添花不如雪中送炭”。据统计，人们逃避痛苦的动力是追求快乐的 4 倍。所以让别人爽的第一步就是解决别人的痛苦或者别让用户痛苦，让用户脱离痛苦的程度和速度将决定用户爽的程度。

这种爽的感觉就是一种心理的感受，一种心理的体验。要带给用户实际的价值，让用户感到高兴、感到新奇、感到舒服、感觉占了便宜、感到有尊严、感觉到希望、感觉到问题马上就要被解决了、感到痛苦马上消失了，产生一种类似看电影时的代入感，一种生活就要发生巨大转变的幻觉。

最大限度地消除用户的痛点，就是让用户爽的第一步，消除痛点，就是戳中用户的“爽点”，所以，公司要想方设法将痛点转变为“爽点”。

2. 找准用户的愉悦点

世界上最大的社交网站 Facebook，其最早的体验就是让男大学生可以在上面去寻找和评论漂亮的女生。这其实激发的是人性对愉悦的追求，或者说是青年人对性和神秘的一种渴望。其中的本质就是让用户在这里感觉到“爽”，因此大获成功。再加上微信朋友圈的点赞功能，它满足了用户想回复又懒得打字的心理，只是轻轻地点一下，就能够获得“朕已阅”般的爽歪歪的感觉。

愉悦的体验比如说恋爱、游戏、升学、结婚、升职、成功等，和人的痛苦体验比如伤痛、失败、悔恨、穷困等，共同构成了丰富多彩的人生。而人类行为的内在驱动力往往是为了追求一些更好的体验。换句话说，以愉悦点为核心的需求，其黏性实际上要比大家想象中的更大。

这就是为何有人可以一款网游玩十多年。游戏玩家其实是在游戏世界里追求一种愿意，一种满足，一种愉悦的体验，为了寻求快乐和同伴。

对此，《史玉柱营销自述》中有一番极为深刻的描述：

为何有人愿意花几百万去玩网游呢？

因为你不玩，所以你不知道。在那个虚拟的世界中，现实世界的人无法理解。在那个世界里面，他有他的荣耀，他有他的社会关系，他在那里面有自己的太太，有自己的房子，这个太太是人，不是机器。然后他有自己的家，里面也能够按自己的意愿去布置。

如果太太很贤惠的话，这个地方挂一幅油画，把席梦思床搞得很漂亮；然后在那个国家里面，如果他的能量强，他可以当国王，当了国王可以任命宰相，可以任命大将军；如果隔壁哪个国家要来我们边境侵扰了，我们就要教训他，在游戏里面乱吼一通，千军万马就会跟在他后面，拿着马就往前冲；他的那种成就感，其实我觉得不能说一定是负面的，某种程度上不是负面的，它是现实中无法体验到的那种荣耀，那种快感。

所以作为一种娱乐，有人愿意花这个钱买到这种享受。

史玉柱将用户从游戏中获得的快感和享受到的细节描绘得淋漓尽致。

愉悦点是营销的一个切入点，就是想方设法去挠到用户的痒处，让用户爽。这样就会最大限度地产生持续性的消费和持久的黏性，因为没有人会拒绝让自己变得更加舒服。